Plancha Kochbuch

Die leckersten und abwechslungsreichsten Rezepte von der Feuerplatte

Markus Hünsche

Email: info@edition-lunerion.de
www.edition-lunerion.de

Psiana eCom UG
Berumer Str. 44
26844 Jemgum

Vorwort

Sie lieben das einzigartige Sommerflair eines lauschigen Grillabends, aber auf Dauer werden Ihnen Steak, Würstchen & Co. doch etwas langweilig? Stattdessen würden Sie gerne Ihre Kreativität mit feinen Kleinigkeiten, abwechslungsreichen Gerichten, Saucen und Marinaden oder sogar Süßspeisen ausleben? Dabei darf's aber trotzdem gerne unkompliziert und gelingsicher bleiben? Dann ist die Plancha-Platte genau das Richtige für Sie und mit den Rezepten in diesem Buch holen Sie das kulinarische Maximums aus dem Grillwunder heraus! Von klassischen Grillstars wie Steaks über vielfältige Spieße, Gemüsevarianten und Fisch bis hin zu Hähnchen, Shrimps und Burgern zaubert die Plancha einzigartig aromatische Ergebnisse, aber da geht noch mehr: Mit der riesengroßen Rezeptauswahl bringen Sie kinderleicht auch Außergewöhnliches auf die Grilltafel und ergänzen das Buffet etwa mit Flammkuchenröllchen, Kartoffelsalatpuffern, Jakobsmuscheln oder Seitanspießen. Sogar kreative Frühstücksideen oder feine Desserts gelingen auf der Allrounder-Platte und sorgen für ungeahnte Geschmackserlebnisse. Mit Profitipps zu Pflege und Verwendung klappt das neue Grillen zudem auf Anhieb und als ganz besonderes Highlight können DIY-Fans sich mit einer einfachen Anleitung ihren Plancha-Grill ganz leicht selbst bauen!

Guten Appetit!

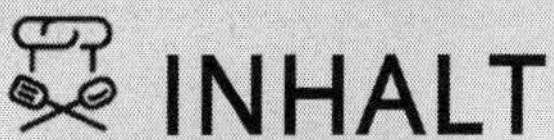

INHALT

Wissenswertes 1

Eigene Plancha herstellen *2*

Frühstück 4

Hafer-Himbeer-Pancake *5*

Pfannenbrot mit Bacon und Ei *6*

Rühreipfanne mit Lachs *7*

Englisch Breakfast *8*

Käse-Paprika mit Ei *9*

Frühstücksspieße *10*

Feta-Scampi-Spieße *11*

Joghurt-Kräuter-Brot mit Bacon *12*

Beerenfladen *13*

Frühstückskekse *14*

Fleisch 15

Bier-Wings *16*

Hähnchenfächer mit Pesto-Gnocchi *17*

Baconspalten mit Dip *18*

Hackfleisch-Feta-Kugeln *19*

Sauerkraut-Würstchen mit Spätzle *20*

Überbackene Salsa-Steaks *21*

Whiskey-Ribs mit Karottenpommes *22*

Rinderleber mit Apfel und Zwiebel *23*

Kartoffelsalat-Puffer *24*

Metaxa-Steaks *25*

Fisch & Meerestiere 26

Scampipfanne mit Kartoffeln *27*

Mango-Lachs mit Bacon *28*

Knoblauch-Gambas von der Plancha *29*

Sepia mit Koriandermarinade *30*

Fischstäbchen von der Plancha *31*

Meeresfrüchte-Plancha *32*

Plancha-Dorade *33*

Jakobsmuscheln vom Grill *34*

Jakobsmuscheln im Baconmantel mit Feldsalat *35*

Gefüllte Tintenfischtuben *36*

Traditionell & Speziell 37

Hotdog-Rührei *38*

Keto Burger-Spieße *39*

Würstchen im Kräuterschlafrock *40*

Flammkuchenrolle *41*

Taccos von der Plancha *42*

Kartoffel-Speck-Rösti *43*

Zucchinispaghetti von der Plancha *44*

Pizzaschnecken *45*

Kaiserschmarrnkuchen *46*

Teigfladenspieße *47*

Vegetarisch 48

Zucchinispieße *49*

Fetapäckchen *50*

Dillkartoffeln *51*

Gefüllte Paprika ... 52
Auberginenspieße ... 53
Glasiertes Gemüse ... 54
Gurkenschiffe ... 55
Süßkartoffelfladen ... 56
Grilltomaten ... 57
Pimientos gefüllt ... 58

Vegan ... 59

Seitanspieße ... 60
Champignonspieße ... 61
Gefüllte Salsa-Paprika ... 62
Tofu-Hawaii-Spieße ... 63
Grillzucchini ... 64
Grillbrote mit Avocado-Dip ... 65
Gurkenspieße ... 66
Gemüserollen von der Plancha ... 67
Zitronenfächer-Kartoffeln ... 68
Wilmers Käsepäckchen ... 69

Spieße ... 70

Paprika-Hähnchen-Spieße ... 71
Hawaiispieße ... 72
BBQ-Spieße ... 73
Rinderleberspieße ... 74
Currywurstspieße ... 75
Gnocchi-Shrimps-Spieße ... 76
Brombeeren-Koriander-Hähnchen ... 77

Lammleberspieße 78
Chorizospieße 79
Jalapenospieße 80

Süßes 81

Pfannkuchenspieße 82
Grillbananen 83
Rum-Ananas 84
Kekssandwich 85
Grillmelone 86
Grillcookies 87
French-Sweet-Toast 88
Kuchen-Orange 89
Erdbeerspieße 90
Blättrige Lollis 91

Marinade & Grillsoßen 92

Cola-Chili-Marinade 93
Knoblauch-Dip 94
Meerrettich-Dip 95
Sesampaste-Marinade 96
Tomaten-Dip 97
On The Rocks-Marinade 98
Apfel-Chutney 99
Kräutermarinade 100
Kräuterquark 101
Avocado-Dip 102

Wissenswertes

Hier erfahren Sie alles Wissenswerte über die Nutzung einer Plancha sowie die richtige Reinigung. Daneben erwartet Sie eine leichte Anleitung, in der Sie erfahren, wie Sie sich schnell und einfach eine Ersatz-Plancha anfertigen können. Die gängigen Materialien, aus denen eine Plancha besteht, sind Stahl, Edelstahl, Aluminium, Gusseisen oder gepresster Stahl. Durch dieses Material ist eine Hitze von bis zu 300 °C möglich. Durch ihre runde Form sind mehrere Hitzezonen gleichzeitig nutzbar.

Das **EINBRENNEN** erfolgt zumeist vor der ersten Nutzung und ist nach dem Kauf empfehlenswert. Die Plancha wird einmalig mit etwas Spülmittel und frischem, klarem Wasser gereinigt. Danach folgt das Einbrennen, um einen Schutzfilm zu erzeugen. Dafür wird die Plancha mit hoch erhitzbarem Öl wie Leinöl eingerieben und hoch erhitzt. Es entsteht ein schwarzer Schmierfilm, dieser ist gewollt und wichtig. Lassen Sie die Plancha komplett erkalten und reinigen Sie diese mit einem feuchten Tuch ohne Spülmittel. Die Plancha ist nun einsatzbereit.

Die richtige **REINIGUNG** erfolgt einfach und schnell, indem Sie die Plancha nach jeder Nutzung mit einem Edelstahlspatel abkratzen und mit einem feuchten Tuch nachwischen. Es wird nach der ersten Reinigung mit Spülmittel keines mehr verwendet, um den natürlichen Fettfilm zu erhalten. Dieser dient als Schutz. Sollten starke Verschmutzungen vorhanden sein, kann die Plancha erhitzt werden, auf die heiße Plancha werden Eiswürfel gegeben. Durch den starken Unterschied zwischen Hitze und Kälte löst sich selbst die stärkste Verschmutzung und kann einfach abgewischt werden.

EIGENE PLANCHA HERSTELLEN

Hier kommt der Bereich für die eigene Herstellung einer Plancha. Dies kann von Vorteil sein, wenn Sie nicht nur gerne selbst etwas Bleibendes herstellen möchten, sondern eine passgenaue Plancha für Ihre Bedürfnisse suchen. Dafür brauchen Sie:

- ☐ 1 Ölfass mit ca. 200 Litern Fassungsvermögen
- ☐ 1 alte Wäschetrommel von einem Frontlader
- ☐ 1 runde Stahlplatte, gelasert, mit einem 100er Durchmesser und einer Aussparung von 20 cm in der Mitte. Die Platte sollte mindestens 5 mm dick sein.
- ☐ 3 Winkelträger zum Befestigen der Feuertonne
- ☐ 1 Auflageleiste als Abstandshalter für die Platte
- ☐ 3 Regalwandschienen

Als Erstes müssen Sie das Fass vorbereiten, dafür wird der Deckel abgetrennt. Dies geht am besten mit einem Winkelschleifer. Danach muss das Fass gereinigt werden, um Rückstände zu vernichten. Dafür das Fass auf einem festen Untergrund ausbrennen lassen. Sobald die Tonne ausgebrannt und erkaltet ist, können Sie diese mit einem Stahlschwamm von innen reinigen und klar ausspülen. Lassen Sie die Tonne gut trocknen und bohren Sie in das untere Drittel mehrere Luftlöcher. Sollten Sie die Tonne lackieren wollen, ist jetzt der richtige Zeitpunkt. Erhitzen Sie danach die Tonne und lassen Sie den Lack einbrennen, um einen ausreichenden Schutz vor Rost zu erhalten.

Nun bringen Sie die Wandschienen in der gewünschten Höhe an. Diese sollten so gewählt werden, dass die Enden nicht über den Rand des Fasses ragen. Dann werden die Winkelträger so angebracht, dass die Waschtrommel als Feuerfass eingehängt werden kann. Dies ist abhängig von der gewählten Tonne und sollte jeweils angepasst und markiert werden, bevor mit der Bohrung begonnen wird.

Jetzt am oberen Ende der Feuertonne die Abstandshalter für die Feuerplatte montieren und diese befestigen. Wie auch beim Erwerb einer Plancha, sollte die Platte nun eingebrannt werden.

PS: Wenn Sie kein Fass kaufen möchten, können Sie die eigene zurechtgeschnittene Plancha auch einfach auf einem Kugelgrill montieren. Hierbei entfallen die Aufhängungen, Halterungen und einzig die Platte und Abstandshalter werden benötigt.

Frühstück

HAFER-HIMBEER-PANCAKE

2 Port.

25 Min.

Leicht

Zutaten

2 EL Chiasamen
2 EL Sonnenblumenöl
1 Prise Zimt
2 Eier
1 TL Backpulver
1 TL Trockenhefe
1 Prise Salz
2 EL Honig
5 g Ingwer, gerieben
1 Orangensaft
200 ml Milch
50 g Haferflocken
100 g Himbeeren
200 g Weizenmehl

Nährwerte p. P.

694 kcal
106 g Kohlenhydrate
17 g Fett
27 g Eiweiß

1 Feuern Sie die Feuerstelle unter Ihrer Plancha ein.

2 Geben Sie die Milch, Orangensaft, Gewürze und Himbeeren in einen Mixer und pürieren Sie alles. Danach mit den restlichen Zutaten vermischen und für zehn Minuten quellen lassen.

3 Den Teig portionsweise auf den äußeren Ring der Plancha geben, um die sanfte Hitze zum Garen zu nutzen. Sobald sich erste Bläschen auf der Oberfläche zeigen, können Sie den Pancake mit einem Wender herumdrehen und für eine Minute von der Unterseite garen.

4 Braten Sie die Pancakes nach und nach gut durch. Wenn Sie möchten, können Sie Sirup dazu reichen.

PFANNENBROT MIT BACON UND EI

2 Port. 45 Min. Leicht

Zutaten

½ TL Backpulver
20 ml Butter, geschmolzen
½ TL Salz
1 Prise Zucker
1 EL italienische Kräuter
80 ml Milch
1 TL Öl
150 g Weizenmehl
100 g Baconscheiben
2 Eier
1 EL Milch
1 EL Gemüsebrühe, instant

Nährwerte p. P.

547 kcal
57 g Kohlenhydrate
23 g Fett
28 g Eiweiß

1 Heizen Sie die Plancha auf.

2 Vermischen Sie die Eier mit 1 EL Milch und der Gemüsebrühe.

3 Verkneten Sie die restlichen Zutaten, bis auf den Bacon. Teilen Sie den Teig in zwei Stücke und rollen Sie diese zu dünnen Fladen aus.

4 Die Baconscheiben auf den inneren Ring der Plancha legen, von beiden Seiten kross anbraten und auf den äußeren Rand verlagern zum Warmhalten. Die Eier als Rührei auf die Plancha geben und immer wieder mit einem Wender leicht vermischen.

5 Die beiden Brotfladen auf den inneren Ring geben und sobald sich Luftblasen bilden, herumdrehen. Von der anderen Seite für eine Minute backen und mit dem Bacon und dem Ei befüllt servieren.

RÜHREIPFANNE MIT LACHS

2 Port.

15 Min.

Leicht

Zutaten

200 g Lachsfilet in Stücken
4 Eier
50 ml Milch
20 ml Mineralwasser mit Sprudel
1 EL Mehl
½ TL Salz
4 g Ingwer, frisch gerieben
½ Bund Petersilie, gehackt
¼ Bund Schnittlauch, gehackt
1 rote Paprika, gehackt
1 gelbe Paprika, gehackt
2 Scheiben Toastbrot in Würfel

1 Die Plancha aufheizen und die Eier mit allen Zutaten bis auf den Lachs, Paprika und dem Toastbrot vermischen.

2 Die Toastbrotwürfel in das Ei geben und durchziehen lassen.

3 Geben Sie das Ei mit den Brotstücken und der Paprika auf die Plancha und wenden Sie es mit einem Pfannenwender, bis ein schönes Rührei entstanden ist. Schieben das Ei auf den äußeren Rand.

4 Den Lachs auf die Plancha geben und die Stücke von allen Seiten anbraten. Zusammen mit dem Ei servieren.

Nährwerte p. P.

493 kcal
29 g Kohlenhydrate
24 g Fett
41 g Eiweiß

ENGLISCH BREAKFAST

2 Port.

15 Min.

Leicht

Zutaten

4 kleine Rostbratwürste
2 Toastbrötchen
2 Tomaten, halbiert
2 Eier
4 Scheiben Bacon
1 Dose Baked Beans
3 Dessertringe 10 cm Durchmesser aus Edelstahl

Nährwerte p. P.

594 kcal
39 g Kohlenhydrate
32 g Fett
37 g Eiweiß

1 Die Toastbrötchen aufschneiden und die Plancha erhitzen. Die Toastbrötchen von beiden Seiten anrösten.

2 Legen Sie die Würstchen und die Baconscheiben auf den mittleren Ring der Plancha. Mehrmals wenden.

3 Die Tomaten mit der Schnittfläche auf den äußeren Ring.

4 Stellen Sie die Dessertringe auf die Mitte der Plancha und geben Sie in zwei Stück jeweils ein Ei. In den anderen Ring füllen Sie die Baked Beans. Diese können mit einer Gabel verrührt werden, bis sie erhitzt sind. Alles zusammen servieren.

KÄSE-PAPRIKA MIT EI

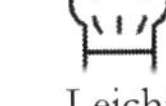

4 Port. 25 Min. Leicht

Zutaten

½ TL Salz
1 Prise Pfeffer, frisch gemahlen
2 Eier
1 Paprika, rot
1 Paprika, gelb
4 Eier
200 g Cheddar, gerieben

Nährwerte p. P.

378 kcal
5 g Kohlenhydrate
28 g Fett
26 g Eiweiß

1 Feuern Sie die Feuerstelle an und erhitzen Sie Ihre Plancha.

2 Waschen Sie die Paprika unter klarem Wasser und halbieren Sie diese. Den Strunk und die Kerne herausnehmen und die Paprika gut abtrocknen.

3 Die Paprika mit der Aushöhlung nach oben auf die mittlere Plancha geben und jeweils ein Ei hineingeben. Dieses mit Pfeffer und Salz würzen und mit Käse bestreuen.

4 Die Paprika für 10 - 15 Minuten garen lassen und frisch servieren.

FRÜHSTÜCKSSPIEẞE

2 Port. 25 Min. Leicht

Zutaten

4 Holz- oder Edelstahlspieße
1 Fladenbrot in Würfel
20 ml Butter, geschmolzen
2 Eier
50 ml Milch
1 TL Salz
1 TL Paprikapulver, edelsüß
1 TL Curry
4 Cocktailtomaten
4 Scheiben Bacon, halbiert
6 Bratpaprika, grün

Nährwerte p. P.

924 kcal
137 g Kohlenhydrate
24 g Fett
39 g Eiweiß

1 Vermischen Sie das Ei, Salz, Paprikapulver, Curry und die Milch sowie die Butter. Geben Sie das Fladenbrot hinein und lassen es kurz einweichen.

2 Die Plancha erhitzen und die Spieße in die Hand nehmen. Nun jeweils eine Cocktailtomate, ein Brotwürfel, eine Scheibe Bacon und eine Bratpaprika aufspießen und so lange weiterschichten, bis alle Spieße bedeckt und die Zutaten aufgebraucht sind.

3 Die Spieße auf den Grill geben und von jeder Seite für 2 - 3 Minuten garen.

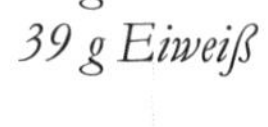

FETA-SCAMPI-SPIEßE

2 Port.

15 Min.

Leicht

Zutaten

100 g Feta-Käse in Würfel
8 Oliven, grün, ohne Stein
4 Cocktailtomaten, halbiert
4 Spieße aus Holz oder Edelstahl
2 EL Öl
1 EL Zitronensaft
12 Scampi, küchenfertig TK

Nährwerte p. P.

527 kcal
6 g Kohlenhydrate
27 g Fett
64 g Eiweiß

1 Die Plancha vorbereiten und erhitzen.

2 Die Spieße mit jeweils einem Feta-Würfel, einer Olive, einem Scampi und einem Stück Tomate schichten. Solange weiterschichten, bis alles aufgebraucht ist. Öl und Zitronensaft vermischen und die Spieße damit bestreichen.

3 Die Spieße auf die direkte Hitze geben und von jeder Seite für 2 - 3 Minuten garen.

JOGHURT-KRÄUTER-BROT MIT BACON

2 Port.

25 Min.

Leicht

Zutaten

300 g Mehl, gesiebt
250 g Joghurt, Natur
1 Bund Petersilie, gehackt
1 TL Salz
2 EL Öl
2 Stängel Rosmarin, gehackt
2 Stängel Thymian, gehackt
80 g Baconwürfel

Nährwerte p. P.

658 kcal
114 g Kohlenhydrate
10 g Fett
28 g Eiweiß

1 Die Zutaten gut verkneten und daraus ca. 4 - 6 kleine Kugeln formen. Diese leicht andrücken und zu Fladen ausrollen.

2 Die Plancha erhitzen und die Brote auf der direkten Hitze von jeder Seite für 3 – 4 Minuten garen lassen. Sie schmecken kalt und warm und können auch zusätzlich belegt werden.

BEERENFLADEN

2 Port. 20 Min. Leicht

Zutaten

300 g Mehl, gesiebt
200 g Joghurt, Natur
100 g Beerenmix, TK aufgetaut
1 EL brauner Zucker
1 Prise Salz
1 Zitronenabrieb
1 TL Zimt
2 EL Öl
Puderzucker zum Bestäuben

Nährwerte p. P.

635 kcal
118 g Kohlenhydrate
9 g Fett
19 g Eiweiß

1 Die Zutaten, bis auf die Beeren, gut miteinander vermischen. Die Beeren leicht mit den Händen ausdrücken, sodass weniger Flüssigkeit enthalten ist, und in den Teig einkneten.

2 Teilen Sie den Teig in vier Stücke und rollen Sie diese zu Fladen aus.

3 Die Plancha erhitzen und den Teig auf der direkten Hitze von jeder Seite für 2 – 4 Minuten garen. Mit dem Puderzucker bestäuben und servieren.

FRÜHSTÜCKSKEKSE

2 Port.

25 Min.

Leicht

Zutaten

100 g Butter, geschmolzen
90 g brauner Zucker
5 g Ingwer, gerieben
1 Prise Nelken, gemahlen
1 Prise Kardamom, gemahlen
150 g Mehl
50 g Rosinen
1 TL Backpulver
1 Ei
2 Tropfen Bittermandelaroma
½ TL Zimt
100 g Schokodrops, dunkel

1 Das Ei mit der Butter verrühren und das Mehl sowie die Gewürze, das Aroma und den Zucker dazugeben. Alles zu einem Teig verkneten und die Rosinen unterheben.

2 Heizen Sie die Plancha auf und formen Sie aus dem Teig vier Kugeln. Diese sehr flach drücken und auf den Außenrand der Plancha legen.

3 Die Schokostücke darauflegen und die Kekse für 10 - 15 Minuten garen lassen.

Nährwerte p. P.

1179 kcal
137 g Kohlenhydrate
63 g Fett
16 g Eiweiß

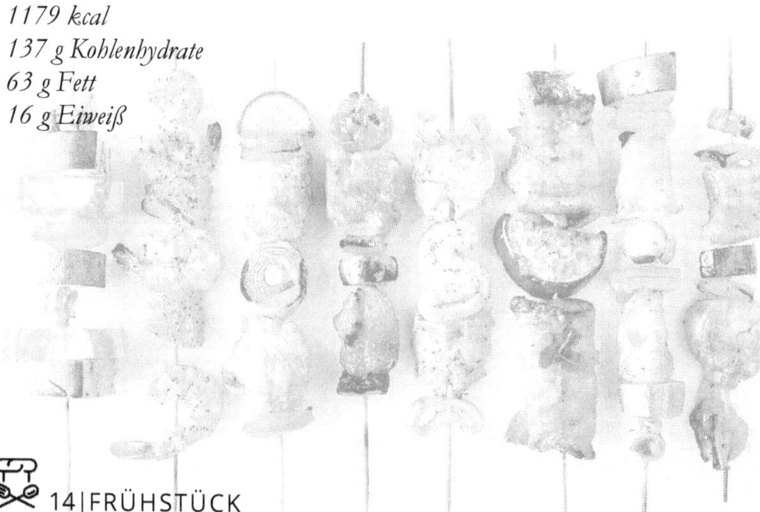

Fleisch

BIER-WINGS

4 Port.

1 Tag

Leicht

Zutaten

250 ml Dunkelbier
1 Chili, gehackt
1 Bund Koriander, gehackt
1 Zwiebel, gehackt
1 Knoblauchzehe, gehackt
1 TL Salz
1 Zitronensaft
1 kg Wings vom Hähnchen

Nährwerte p. P.

547 kcal
2 g Kohlenhydrate
40 g Fett
42 g Eiweiß

1 Alle Zutaten zusammen in eine große Schüssel geben und diese mit einem Geschirrtuch oder Deckel abgedeckt über Nacht in den Kühlschrank geben.

2 Die Plancha erhitzen und die Wings aus der Marinade nehmen. Die Wings gut abtropfen lassen.

3 Geben Sie die Wings auf die Plancha nahe der Mitte und braten Sie diese von allen Seiten an. Danach auf den Außenring legen und für 20 Minuten garen lassen. Dabei gelegentlich umdrehen.

Tipp: Die Wings sind gar, wenn sich der Knochen leicht herausziehen lässt und kein blutiger Bratensaft mehr austritt.

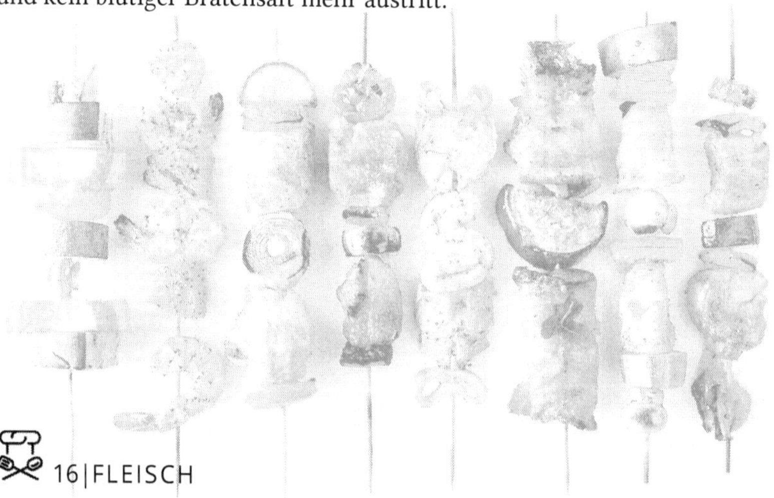

HÄHNCHENFÄCHER MIT PESTO-GNOCCHI

2 Port. 35 Min. Mittel

Zutaten

8 EL Öl
1 Kugel Mozzarella in Scheiben
1 Bund Basilikum
50 g Pinienkerne
½ TL Salz
1 Zitrone, Saft
2 Hähnchenbrustfilets
1 Tomate, in Scheiben
1 Packung Gnocchi
4 EL Butter, weich
Salz, Pfeffer

Nährwerte p. P.

1262 kcal
90 g Kohlenhydrate
46 g Fett
120 g Eiweiß

1 Erhitzen Sie die Plancha und würzen Sie das Filet mit Pfeffer und Salz. Das Öl, Pinienkerne, Butter und Basilikum sowie den Teelöffel Salz und den Zitronensaft in einem Mixer pürieren.

2 Braten Sie das Fleisch auf der Innenplatte der Plancha von beiden Seiten für jeweils 3 - 4 Minuten und legen Sie es auf den Außenrand. Jetzt das Fleisch fingerspitzentief einschneiden, sodass ein Fächer entsteht.

3 In jede Mulde eine Scheibe Mozzarella und eine Scheibe Tomate geben und alles für 10 - 15 Minuten sanft weitergaren lassen.

4 Die Gnocchi mit dem Pesto vermischen und auf den Außenrand der Plancha geben. Dort unter mehrmaligem Wenden garen, die Gnocchi sollten eine schöne Kruste besitzen und innen weich sein. Zusammen mit der Hähnchenbrust servieren.

BACONSPALTEN MIT DIP

2 Port.

20 Min.

Leicht

Zutaten

2 Kartoffeln, gekocht
2 Möhren, halbiert
1 Fenchelknolle, in Viertel
200 g Baconscheiben
2 EL Sojasoße
1 EL Öl
1 TL Limettensaft
250 g Magerquark
1 TL Salz
1 Bund Schnittlauch, gehackt
1 Knoblauchzehe, gehackt
1 Bund Petersilie, gehackt

Nährwerte p. P.

330 kcal
23 g Kohlenhydrate
8 g Fett
40 g Eiweiß

1 Nehmen Sie die Kartoffeln und schneiden Sie diese in Spalten. Die Kartoffeln sowie die Möhren und die Fenchelknolle bereitlegen.

2 Vermischen Sie das Öl, die Sojasoße und den Limettensaft und bestreichen Sie die Kartoffeln, den Fenchel und die Möhren damit.

3 Jede Spalte mit einer Baconscheibe umwickeln und diese auf die direkte Hitze der Plancha geben. Von beiden Seiten anbraten, bis der Bacon knusprig ist.

4 Den Quark mit dem Salz und den Kräutern vermischen, die Knoblauchzehe unterheben und mit den Spalten servieren.

Tipp: Für einen intensiveren Quark-Geschmack kann dieser bereits am Abend zuvor zubereitet und im Kühlschrank aufbewahrt werden.

HACKFLEISCH-FETA-KUGELN

4 Port.

25 Min.

Leicht

Zutaten

500 g Hackfleisch, halb & halb
½ TL Salz
½ TL Pfeffer
1 Knoblauchzehe, gerieben
1 Ei
3 EL Semmelbrösel
150 g Feta in Würfel
1 EL Tomatenmark
1 Bund Petersilie, gehackt

Nährwerte p. P.

390 kcal
1 g Kohlenhydrate
29 g Fett
32 g Eiweiß

1 Das Hackfleisch mit allen Zutaten, bis auf den Feta, verkneten und zu Kugeln formen. Nun eine Kugel in die Hand nehmen und jeweils ein Stück Feta hineinstecken. Das Hackfleisch darum verschließen.

2 Die Plancha erhitzen und die Hackfleischbälle auf der mittleren Hitze von allen Seiten gut durchbraten.

SAUERKRAUT-WÜRSTCHEN MIT SPÄTZLE

2 Port.

35 Min.

Leicht

Zutaten

1 Dose Sauerkraut, abgetropft
80 g Baconwürfel
3 Bratwürstchen, grob
500 g Spätzle aus der Kühlung
200 g geriebener Käse

Nährwerte p. P.

1961 kcal
174 g Kohlenhydrate
95 g Fett
96 g Eiweiß

1 Die Plancha erhitzen und die Würstchen auf die Innenfläche geben. Unter mehrmaligem Wenden scharf anbraten, bis eine schöne Röstung entstanden ist, dann auf den Außenring verschieben.

2 Die Baconwürfel auf die Plancha geben und leicht anbraten, das Sauerkraut dazugeben und die Spätzle darauf verteilen.

3 Alles mit einem Wender des Öfteren wenden, bis der Saft des Sauerkrautes gut verkocht ist. Nun den Käse darübergeben und alles vermischen, bis der Käse das Sauerkraut und die Spätzle verbindet. Zusammen mit den Bratwürstchen servieren.

ÜBERBACKENE SALSA-STEAKS

2 Port.

35 Min.

Leicht

Zutaten

2 EL Öl
1 Tomate, gehackt, ohne Kerne
1 Zwiebel, gehackt
1 Knoblauchzehe, gehackt
½ Chili, gehackt
½ Bund Koriander, gehackt
1 Limettensaft
2 Schweinesteaks
Salz, Pfeffer
200 g Cheddar

Nährwerte p. P.

883 kcal
3 g Kohlenhydrate
44 g Fett
118 g Eiweiß

1 Die Plancha vorbereiten und erhitzen.

2 Alle Zutaten, bis auf Steaks und Käse, vermischen.

3 Die Steaks mit Salz und Pfeffer würzen und auf der Innenfläche der Plancha von beiden Seiten scharf anbraten.

4 Die Tomatenmischung darauf verteilen und diese mit Käse bestreuen. Die Steaks auf dem Außenring für zehn Minuten weitergaren lassen und servieren.

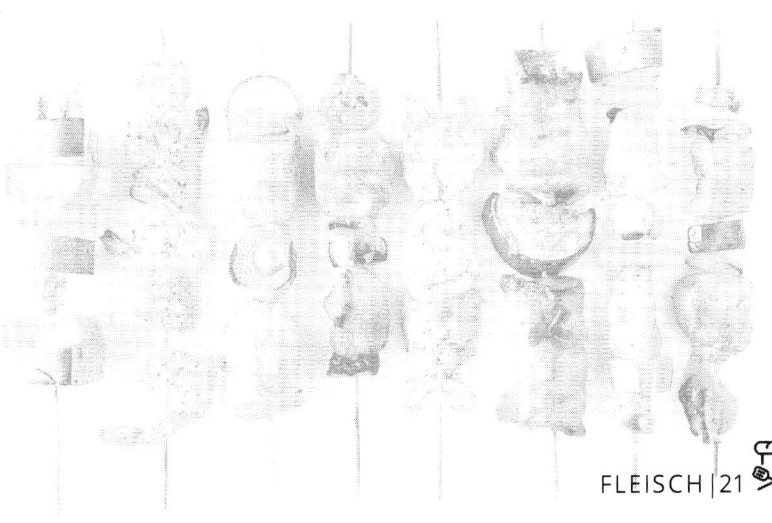

WHISKEY-RIBS MIT KAROTTENPOMMES

2 Port.

1 Tag

Leicht

Zutaten

250 g Karotten, in Stifte
1,5 kg Ribs vom Schwein
1 Malzbier
1 Chili, gehackt
1 Knoblauchzehe, gehackt
2 EL Honig
1 Zitronensaft
1 Bund Koriander, gehackt
1 EL BBQ-Salz

Nährwerte p. P.

974 kcal
36 g Kohlenhydrate
14 g Fett
168 g Eiweiß

1 Die Ribs unter fließendem Wasser abwaschen und in eine Schale geben. Das Bier mit der Knoblauchzehe, Chili, BBQ-Salz und dem Koriander hineingeben und alles über Nacht im Kühlschrank ruhen lassen.

2 Am nächsten Tag die Ribs aus der Marinade nehmen und abtropfen lassen. Die Möhren mit dem Honig und Zitronensaft bestreichen und die Plancha aufheizen.

3 Die Ribs auf der Innenfläche der Plancha von beiden Seiten gut anbraten, danach auf dem Außenrand für zehn Minuten weitergaren und gelegentlich wenden. Die Karottenpommes auf die Mitte geben und unter mehrmaligem Wenden garen.

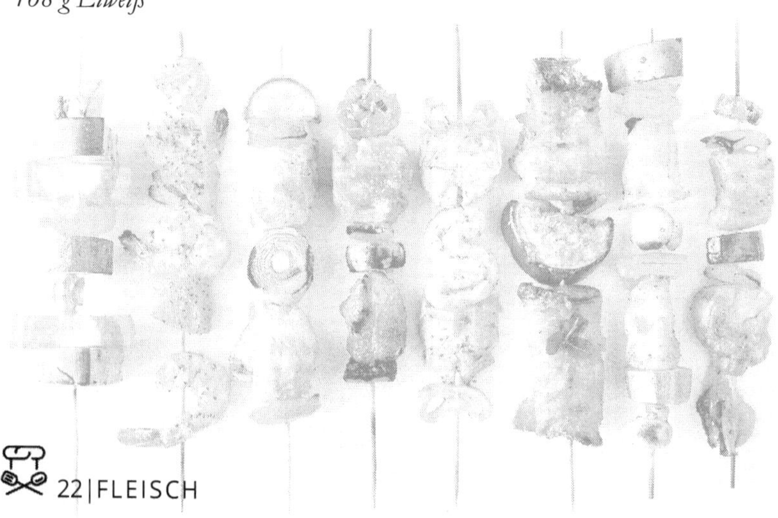

RINDERLEBER MIT APFEL UND ZWIEBEL

2 Port.

35 Min.

Leicht

Zutaten

3 Äpfel, in dünnen Scheiben
2 Zwiebeln, in Ringen
400 g Rinderleber in Streifen
2 EL Mehl
Salz, Pfeffer

Nährwerte p. P.

472 kcal
59 g Kohlenhydrate
8 g Fett
41 g Eiweiß

1 Die Leber mit dem Mehl vermischen und kurz ruhen lassen. In dieser Zeit die Plancha anfeuern.

2 Die Leber auf die Mittelfläche geben und mit Salz und Pfeffer würzen. Gut von allen Seiten anbraten und die Äpfel und Zwiebeln dazugeben. Diese mit anbraten und alles frisch servieren.

KARTOFFELSALAT-PUFFER

4 Port.

35 Min.

Leicht

Zutaten

500 g Kartoffeln, gekocht
1 Bund Schnittlauch, gehackt
1 Essiggurke, gehackt
1 Zwiebel, gehackt
50 g Speck, gehackt
Salz, Pfeffer
1 EL Öl
1 Ei
100 - 150 ml Milch
6 EL Mehl

Nährwerte p. P.

180 kcal
24 g Kohlenhydrate
5 g Fett
9 g Eiweiß

1 Die Plancha erhitzen und die Kartoffeln mit einem Stampfer zu Brei verarbeiten.

2 Die Gewürze hineingeben und das Mehl unterkneten. Das Ei untermischen und mit der Milch auflockern, bis ein klebriger Teig entsteht. Die restlichen Zutaten untermischen und die Mischung zu Kugeln formen. Diese zu Fladen flachdrücken.

3 Die Puffer auf dem Außenring der Plancha von beiden Seiten jeweils 5 - 8 Minuten garen.

Tipp: Geht auch mit Kartoffeln vom Vortag sowie Anrührpüree. Diesen nach Packungsanleitung zubereiten und vor der Weiterverarbeitung leicht abkühlen lassen.

METAXA-STEAKS

2 Port.

1 Tag

Leicht

Zutaten

30 ml Öl
250 ml Cranberrysaft
6 cl Metaxa
2 Rindersteaks
1 Knoblauchzehe, gehackt
2 Lorbeerblätter
1 Zwiebel, gehackt
1 EL Zitronensaft
1 Dose gehackte Tomaten
1 EL Ahornsirup

Nährwerte p. P.

722 kcal
30 g Kohlenhydrate
36 g Fett
70 g Eiweiß

1 Alle Zutaten vermischen und über Nacht im Kühlschrank aufbewahren.

2 Die Plancha erhitzen und die Steaks abtropfen lassen.

3 Die Rindersteaks auf die direkte Hitze geben und von jeder Seite für drei Minuten garen. Die Steaks in Alufolie einwickeln und zehn Minuten ruhen lassen, bevor Sie diese anschneiden und servieren.

Fisch & Meerestiere

SCAMPIPFANNE MIT KARTOFFELN

2 Port.

25 Min.

Leicht

Zutaten

2 Rosmarinzweige
2 Zwiebeln, gehackt
1 Zitrone, Saft
350 g Scampi, TK
3 Kartoffeln, gekocht in Scheiben
Salz, Pfeffer
1 EL Öl
1 Knoblauchzehe, gerieben
1 rote Paprika, in Stücken
1 gelbe Paprika, in Stücken

Nährwerte p. P.

417 kcal
36 g Kohlenhydrate
10 g Fett
44 g Eiweiß

1 Heizen Sie die Plancha ein und geben Sie das Öl darauf.

2 Die Kartoffelscheiben mit Salz und Pfeffer würzen und zusammen mit den Zwiebeln und dem Knoblauch darauf anbraten. Sobald diese knusprig sind, werden sie auf den Außenring geschoben.

3 Die Paprika mit den Scampi und den Rosmarinzweigen auf die direkte Hitze geben und von allen Seiten gut anbraten. Mit dem Zitronensaft ablöschen und die Scampi auf mittlerer Hitzequelle so lange garen, bis der Zitronensaft verdampft ist.

4 Alles zusammen vermischen und servieren.

MANGO-LACHS MIT BACON

2 Port.

35 Min.

Leicht

Zutaten

2 Lachsfilets
1 Mango in Scheiben ohne Schale
250 g Baconscheiben
Salz, Pfeffer
1 Limette, Saft
1 EL Öl

Nährwerte p. P.

733 kcal
32 g Kohlenhydrate
30 g Fett
83 g Eiweiß

1 Das Öl mit dem Limettensaft vermischen und die Mango sowie den Fisch damit bestreichen. Die Plancha aufheizen und beides auf die mittlere Hitze legen und für 3 - 4 Minuten garen.

2 Die Baconscheiben auf die direkte Hitze geben und knusprig braten.

3 Fisch und Mango vorsichtig wenden und von der anderen Seite für 3 - 4 Minuten braten. Alles zusammen servieren. Schmeckt perfekt zu Salat oder frischem Brot.

KNOBLAUCH-GAMBAS VON DER PLANCHA

2 Port.

1 Tag

Leicht

Zutaten

25 Riesengarnelen, roh, mit Kopf und Schwanz
100 ml Öl
2 Knoblauchzehen, gehackt
1 Zitrone, Saft
1 Chili, gehackt
1 EL Salz
1 TL Pfeffer
2 Pimentkörner
1 Lorbeerblatt
200 g Meersalz, grob zum Braten

Nährwerte p. P.

1374 kcal
9 g Kohlenhydrate
58 g Fett
203 g Eiweiß

1 Vermischen Sie die Zutaten, bis auf das Meersalz, miteinander und geben Sie alles über Nacht in den Kühlschrank.

2 Die Plancha erhitzen und die Gambas abtropfen lassen. Das Salz auf die heiße Plancha geben und die Gambas zum Garen darauflegen.

3 Die Gambas von jeder Seite für 3 - 4 Minuten garen und das Salz vor dem Servieren leicht abklopfen.

SEPIA MIT KORIANDERMARINADE

2 Port.

35 Min.

Leicht

Zutaten

2 Sepia-Tuben, ca. 20 cm
1 Bund Koriander
1 Limette, Saft
1 Knoblauchzehe, ehackt
1 EL Sonnenblumenöl
35 g Pinienkerne, geröstet
1 EL Chiliöl

Nährwerte p. P.

810 kcal
21 g Kohlenhydrate
10 g Fett
159 g Eiweiß

1 Fügen Sie das Chiliöl, Limettensaft, Sonnenblumenöl, Koriander und die Pinienkerne in einen Mixer und pürieren Sie alles zu einer Paste.

2 Heizen Sie die Plancha ein und waschen Sie die Tuben unter frischem Wasser ab. Danach mit einem sauberen Küchentuch abtupfen und in leichten Kreuzen einschneiden, damit die Sepia ihre Form behält.

3 Die Sepia mit der Marinade bestreichen und von jeder Seite für 2 - 3 Minuten garen. Damit sie sich nicht einrollen, ist es zu empfehlen, mit einem Wender leichten Druck auf die Oberseite auszuüben.

FISCHSTÄBCHEN VON DER PLANCHA

2 Port.

45 Min.

Leicht

Zutaten

100 g Mehl
1 Ei
Salz, Pfeffer
Paniermehl zum Panieren
350 g Seelachsfilet
1 Limette, Abrieb
1 TL Sojasoße
½ TL Chiliflocken

Nährwerte p. P.

353 kcal
37 g Kohlenhydrate
6 g Fett
39 g Eiweiß

1 Vermischen Sie das Paniermehl mit dem Limettenabrieb und den Chiliflocken.

2 Füllen Sie das Mehl in einen tiefen Teller und nehmen Sie einen zweiten tiefen Teller und verrühren Sie darin das Ei mit der Sojasoße.

3 Schneiden Sie das Seelachsfilet in Streifen wie Stäbchen und wälzen Sie jeden Streifen in Mehl. Danach in das Ei tauchen und im Paniermehl wälzen, bis alles bedeckt ist. Die Panade etwas andrücken.

4 Erhitzen Sie die Plancha und braten Sie die Fischstäbchen von jeder Seite goldbraun an.

MEERESFRÜCHTE-PLANCHA

4 Port.

25 Min.

Leicht

Zutaten

500 g Meeresfrüchte, TK
1 Fenchelknolle, in Streifen
1 Karotte, in Scheiben
1 rote Paprika, gehackt
1 gelbe Paprika, gehackt
1 Chili, gehackt
1 Knoblauchzehe, gerieben
1 TL Sojasoße
1 EL Fischsoße
8 Cocktailtomaten

Nährwerte p. P.

199 kcal
9 g Kohlenhydrate
12 g Fett
14 g Eiweiß

1 Die Plancha anfeuern und die Meeresfrüchte mit der Knoblauchzehe auf mittlerer Hitze anbraten. Das Gemüse auf dem Außenrand ausbreiten und kurz anrösten.

2 Schieben Sie alles zusammen in die Mitte und geben Sie die Sojasoße, die Fischsoße und die Chili dazu. Alles gut vermischen und für 2 - 3 Minuten durchziehen lassen.

3 Zusammen auf einer Platte anrichten und servieren.

PLANCHA-DORADE

2 Port

35 Min.

Leicht

Zutaten

200 g Meersalz, zum Garen
4 EL Öl
1 Bund Petersilie
2 Stängel Rosmarin
1 Stängel Thymian
1 Prise Salz
1 Prise Pfeffer
3 Stängel Dill
1 Knoblauchzehe, gehackt
1 Zitrone, Saft
1 Dorade, küchenfertig
1 Bio-Limette in Scheiben

Nährwerte p. P.

1133 kcal
0 g Kohlenhydrate
34 g Fett
206 g Eiweiß

1 Stellen Sie aus dem Öl, der Prise Salz, Pfeffer, Zitronensaft und den Kräutern eine Marinade her. Dafür diese Zutaten in einem Mixer pürieren und die Dorade von innen und außen damit einreiben.

2 Die Plancha erhitzen und das Meersalz auf die direkte Hitze geben. Dieses sorgt dafür, dass der Fisch nicht anklebt.

3 Die Limettenscheiben in die Dorade geben und diese auf das Salz legen. Nun von jeder Seite 5 - 7 Minuten garen und frisch servieren.

JAKOBSMUSCHELN VOM GRILL

4 Port. 25 Min. Leicht

Zutaten

4 Zitronengrasstängel
800 g Jakobsmuscheln
2 EL Öl
1 Zitrone, Saft
Salz, Pfeffer

Nährwerte p. P.

168 kcal
12 g Kohlenhydrate
3 g Fett
22 g Eiweiß

1 Erhitzen Sie die Plancha und waschen Sie die Muscheln unter fließendem Wasser, danach gut trockentupfen. Zitrone und Öl vermischen und die Muscheln hineingeben.

2 Die Zitronengrasstängel an einer Seite leicht abschrägen, um das Aufspießen zu erleichtern. Die Muscheln auf die Stängel stecken und alles mit Salz und Pfeffer bestreuen.

3 Die Spieße auf die direkte Hitze geben und von jeder Seite für 4 - 5 Minuten garen.

JAKOBSMUSCHELN IM BACONMANTEL MIT FELDSALAT

4 Port.

25 Min.

Leicht

Zutaten

2 EL Öl
1 Knoblauchzehe, gerieben
1 Prise frischer Pfeffer
800 g Jakobsmuscheln
300 g Baconscheiben
500 g Feldsalat
3 EL Öl
1 Orange, Saft
Salz, Pfeffer

Nährwerte p. P.

319 kcal
13 g Kohlenhydrate
12 g Fett
40 g Eiweiß

1 Vermischen Sie 3 EL Öl, Orangensaft, Salz und Pfeffer zu einem Dressing und reinigen Sie den Salat unter frischem fließendem Wasser.

2 Erhitzen Sie die Plancha. Waschen Sie die Jakobsmuscheln unter fließendem Wasser und tupfen Sie diese trocken. Um jede Muschel eine Scheibe Bacon legen.

3 Die Muscheln mit dem Bacon auf direkter Hitze für jeweils drei Minuten pro Seite anbraten. Den Salat mit dem Dressing vermischen und alles zusammen servieren.

GEFÜLLTE TINTENFISCHTUBEN

2 Port.

45 Min.

Leicht

Zutaten

1 Bund Petersilie, gehackt
2 Stängel Thymian, gehackt
1 Bund Oregano, gehackt
100 g Feta
50 g Schmand
2 EL Öl
1 Zitrone, Saft
Salz, Pfeffer
2 Tintenfischtuben à 25 cm

Nährwerte p. P.

1027 kcal
21 g Kohlenhydrate
30 g Fett
168 g Eiweiß

1 Vermischen Sie das Öl mit dem Zitronensaft und feuern Sie die Plancha an.

2 Vermischen Sie den Feta mit den Kräutern und dem Schmand.

3 Reinigen Sie die Tuben unter klarem Wasser und tupfen Sie diese trocken. Die Tuben in Rautenform einschneiden und mit der Fetamischung befüllen.

4 Geben Sie die Tuben auf die direkte Hitze der Plancha und halten Sie den Pfannenwender mit leichtem Druck darauf, um ein Verformen zu vermeiden. **Achtung!** Nicht die Füllung herausdrücken. Nun von beiden Seiten für jeweils 5 – 7 Minuten garen und frisch servieren.

Tipp: Das Ende der Tuben kann mit einem Zahnstocher zusammengesteckt werden, damit die Füllung besser darin bleibt.

Traditionell & Speziell

HOTDOG-RÜHREI

2 Port. 25 Min. Leicht

Zutaten

1 EL Röstzwiebeln
1 Essiggurke, gehackt
1 Hotdog-Brötchen, in kleinen Stücken
4 Eier
2 Wiener Würstchen, in Scheiben
1 TL Tomatenmark
½ TL Senf
4 EL Milch
Salz, Pfeffer
100 g Cheddar, gerieben

Nährwerte p. P.

661 kcal
18 g Kohlenhydrate
48 g Fett
41 g Eiweiß

1 Heizen Sie Ihre Plancha ein.

2 Vermischen Sie die Eier mit dem Tomatenmark, Senf, Milch, Salz, Pfeffer und den Hotdog-Brötchen.

3 Geben Sie die Würstchen auf die mittlere Stelle der Plancha und braten Sie diese an. Die Eier mit dem Brot dazugeben und zu Rührei anbraten. Dafür mit dem Pfannenwender immer wieder wenden.

4 Die Gurke, Röstzwiebeln und den Cheddar darübergeben, bis dieser geschmolzen ist. Alles frisch servieren.

KETO BURGER-SPIEßE

4 Port.

45 Min.

Leicht

Zutaten

1 Salatgurke, in Scheiben
8 Cocktailtomaten, halbiert
500 g Hackfleisch
1 Beutel Zwiebelsuppe
4 Scheiben Cheddar, in Stücken
2 Jalapenos, halbiert
1 Zwiebel, in Viertel
Spieße

Nährwerte p. P.

409 kcal
5 g Kohlenhydrate
29 g Fett
32 g Eiweiß

1 Nehmen Sie das Hackfleisch mit der Zwiebelsuppe und verkneten Sie beides zusammen. Formen Sie aus dem Hackfleisch kleine Kugeln und drücken Sie diese zu einem Burger-Patty flach.

2 Die Plancha erhitzen und die Zutaten abwechselnd auf die Spieße geben. Ein Stück Hackfleisch-Patty, ein Stück Käse, Zwiebel, Fleisch, Gurke, Tomate, Jalapeno und Fleisch.

3 Die Spieße von allen Seiten für jeweils 3 - 4 Minuten auf der direkten Hitze garen.

WÜRSTCHEN IM KRÄUTERSCHLAFROCK

2 Port.

45 Min.

Leicht

Zutaten

1 Rolle Blätterteig, aus der Kühlung
1 Glas Wiener Würstchen
25 g Butter, weich
1 Bund Koriander, gehackt
1 Bund Petersilie, gehackt
3 Stängel Rosmarin, gehackt
2 Stängel Thymian
1 Prise Salz
1 Prise Pfeffer
Spieße

Nährwerte p. P.

1151 kcal
50 g Kohlenhydrate
91 g Fett
36 g Eiweiß

1 Geben Sie die Kräuter, Gewürze und die Butter in einen Mixer und pürieren Sie es zu einer Kräuterbutter.

2 Den Blätterteig ausrollen und in Streifen schneiden.

3 Jeweils ein Würstchen auf einen Spieß aufstecken und mit einem Streifen Blätterteig umwickeln. Den Blätterteig mit der Butter einstreichen.

4 Die Plancha anfeuern und die Spieße auf die mittlere Hitzefläche legen. Von allen Seiten für 4 - 5 Minuten garen. Bei Bedarf erneut mit Butter einstreichen und servieren.

FLAMMKUCHENROLLE

2 Port.

35 Min.

Leicht

Zutaten

1 Rolle Flammkuchenteig aus der Kühlung
1 Bund Frühlingszwiebeln, in Ringe
100 g Speckwürfel
1 Becher Schmand
Salz, Pfeffer

Nährwerte p. P.

811 kcal
39 g Kohlenhydrate
65 g Fett
19 g Eiweiß

1 Feuern Sie Ihre Plancha an.

2 Rollen Sie den Teig aus und bestreichen Sie diesen mit dem Schmand. Dabei jeweils 1 cm vom Rand freilassen.

3 Belegen Sie den Schmand mit den Frühlingszwiebeln und dem Speck und rollen Sie diesen auf.

4 Die Rolle in 3 cm dicke Scheiben schneiden und diese auf mittlerer Hitze von jeder Seite für 2 - 3 Minuten garen.

TACOS VON DER PLANCHA

4 Port. 25 Min. Leicht

Zutaten

1 rote Paprika, gehackt
1 gelbe Paprika, gehackt
1 grüne Paprika, gehackt
2 Tomaten, gehackt
500 g Hackfleisch
1 EL BBQ Rub
12 Taccos
1 Chili, gehackt
1 Bund Koriander, gehackt
1 Limette, Saft

Nährwerte p. P.

318 kcal
7 g Kohlenhydrate
21 g Fett
26 g Eiweiß

1 Das Hackfleisch mit dem BBQ Rub verkneten. Erhitzen Sie die Plancha und geben Sie das Hackfleisch auf die direkte Hitze. Braten Sie dieses gut an.

2 Geben Sie die Paprika, Tomaten, Chili und den Limettensaft auf die mittlere Plancha und braten Sie dieses ebenfalls gut an. Sobald das Hackfleisch krümelig ist, dieses zu dem Gemüse schieben und vermischen.

3 Etwas von der Mischung jeweils mit frischem Koriander in ein Tacco füllen und servieren.

KARTOFFEL-SPECK-RÖSTI

4 Port.

45 Min.

Mittel

Zutaten

500 g Kartoffeln, geraspelt
2 Zwiebeln, geraspelt
½ TL Salz
1 Prise Pfeffer
3 EL Mehl
½ Bund Schnittlauch, gehackt
150 g Speckwürfel

Nährwerte p. P.

224 kcal
21 g Kohlenhydrate
11 g Fett
9 g Eiweiß

1 Die Plancha wie gewohnt anfeuern.

2 Die Kartoffelraspel mit den Händen auspressen und in eine Schüssel geben.

3 Die Zwiebeln, Speck und Schnittschlauch sowie Salz und Pfeffer verkneten.

4 Das Mehl unterkneten und aus der Kartoffelmasse kleine Fladen entnehmen. Diese auf die mittlere Hitze geben und von jeder Seite goldbraun anbraten.

ZUCCHINISPAGHETTI VON DER PLANCHA

4 Port.

45 Min.

Leicht

Zutaten

1 Dose gehackte Tomaten
1 Bund Basilikum, gehackt
Salz, Pfeffer
1 TL Paprikapulver, edelsüß
1 TL Gemüsebrühe, instant
½ TL Knoblauchpulver
1 Prise Zucker
2 EL Öl
500 g Zucchini, mit einem Spiralschneider zu Spaghetti geschnitten
Parmesan, zum Bestreuen

1 Feuern Sie die Plancha an und vermischen Sie die Gewürze mit den gehackten Tomaten in der Dose.

2 Die Zucchini mit dem Öl vermischen. Geben Sie die Zucchini-Nudeln auf die mittlere Hitze und braten Sie diese gut an. Dafür immer wieder wenden. Sobald die gewünschte Bissfestigkeit erreicht ist, wird die Tomatendose darüber verteilt.

3 Alles vermischen und kurz andünsten, mit dem Parmesan bestreuen und servieren.

Nährwerte p. P.

61 kcal
7 g Kohlenhydrate
2 g Fett
3 g Eiweiß

PIZZASCHNECKEN

2 Port. 35 Min. Leicht

Zutaten

1 Pizzateig, aus der Kühlung
4 EL Tomatenmark
½ TL Knoblauchgranulat
1 EL BBQ Soße
½ TL Curry
1 Bund Basilikum, einzelne Blätter
200 g Pizzakäse, gerieben

Nährwerte p. P.

553 kcal
24 g Kohlenhydrate
38 g Fett
29 g Eiweiß

1 Rollen Sie den Teig aus und erhitzen Sie die Plancha.

2 Vermischen Sie das Tomatenmark, Knoblauchpulver, BBQ Soße und Curry miteinander und bestreichen Sie den Teig damit.

3 Belegen Sie den Teig mit dem Basilikum und dem Käse und rollen Sie den Teig auf. Die Rolle in 3 cm dicke Scheiben schneiden und diese auf der direkten Hitze für jeweils vier Minuten pro Seite garen.

KAISERSCHMARRNKUCHEN

2 Port.

35 Min.

Leicht

Zutaten

35 g Zucker
4 Eier
300 ml Milch
50 g Butter
50 g Rosinen
200 g Mehl
1 Prise Salz
Puderzucker zum Bestäuben

Nährwerte p. P.

970 kcal
115 g Kohlenhydrate
42 g Fett
33 g Eiweiß

1 Erhitzen Sie Ihre Plancha wie gewohnt und vermischen Sie alle trockenen Zutaten in einer Schüssel.

2 Die Butter mit den Eiern und der Milch einrühren und die Rosinen unterheben.

3 Nun den Teig nach und nach zu kleinen Pfannkuchen auf die Platte geben und von jeder Seite goldbraun anbraten. Mit Puderzucker bestäuben und servieren.

TEIGFLADENSPIEßE

4 Port.

35 Min.

Leicht

Zutaten

500 g Gulasch vom Huhn
2 Zwiebeln, in Stücke
4 EL Öl
200 g Butter, weich
1 Knoblauchzehe, gerieben
1 Prise Kreuzkümmel, gemahlen
1 Prise Salz
1 Prise Pfeffer
1 Prise Knoblauchpulver
1 Prise Paprikapulver
1 Fladenbrot in Stücken
8 Cocktailtomaten

Nährwerte p. P.

839 kcal
64 g Kohlenhydrate
47 g Fett
40 g Eiweiß

1 Die Plancha vorbereiten und erhitzen.

2 Die Butter mit der Knoblauchzehe vermischen und das Brot darin einweichen.

3 Ein Stück Brot, Fleisch, Tomate und Zwiebel schichten, bis alles aufgebraucht ist.

4 Die Gewürze mit dem Öl vermischen und die Spieße damit bestreichen. Alles auf der mittleren Hitze der Plancha von jeder Seite für 3 - 4 Minuten garen und frisch servieren.

Vegetarisch

ZUCCHINISPIEẞE

2 Port.

35 Min.

Leicht

Zutaten

Spieße
2 Zucchini, in Würfel
8 Cocktailtomaten
100 g Feta, in Würfel
2 EL Öl
1 EL Sojasoße

Nährwerte p. P.

197 kcal
7 g Kohlenhydrate
13 g Fett
12 g Eiweiß

1 Die Plancha anfeuern und die Spieße bereitlegen.

2 Nehmen Sie abwechselnd ein Stück Zucchini, Tomate und Feta und spießen Sie die Zutaten auf.

3 Vermischen Sie das Öl mit der Sojasoße und bestreichen Sie die Spieße damit.

4 Diese nun auf mittlerer Hitze von jeder Seite für 3 - 4 Minuten garen.

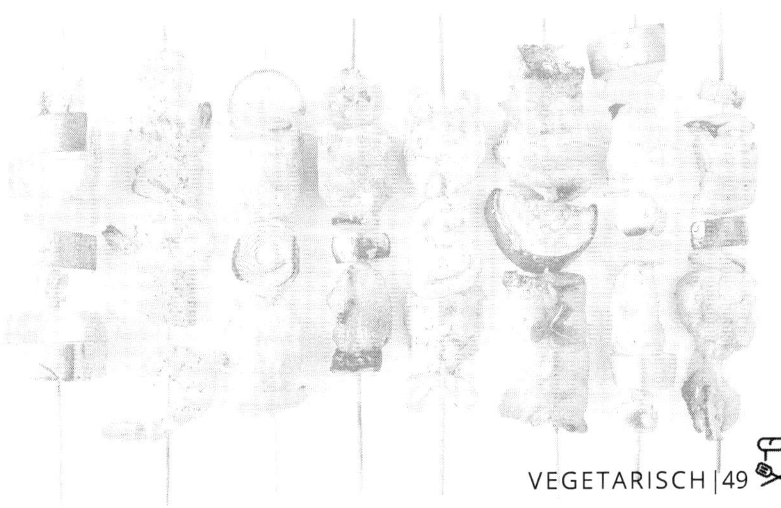

FETAPÄCKCHEN

2 Port. 45 Min. Leicht

Zutaten

1 Zwiebel, in Scheiben
6 Oliven, ohne Stein
2 Fetakäse, abgetropft
2 TL Öl
1 Prise Pfeffer, frisch aus der Mühle
2 Knoblauchzehen, gerieben
Alufolie

Nährwerte p. P.

637 kcal
2 g Kohlenhydrate
52 g Fett
43 g Eiweiß

1 Nehmen Sie zwei Stück Alufolie und breiten Sie diese aus. Erhitzen Sie die Grillfläche der Plancha.

2 Setzen Sie jeweils einen Fetakäse in die Mitte der Folie, mit etwas Öl beträufeln, die Zwiebel mit dem Knoblauch darauf auslegen und mit Pfeffer bestreuen. Die Oliven darüberlegen und die Alufolie zu einem Päckchen verschließen.

3 Die Päckchen auf den Außenrand legen und dort für 15 Minuten garen lassen.

DILLKARTOFFELN

4 Port.

24 Min.

Leicht

Zutaten

70 ml Öl
1 Zitrone, Saft
1 Bund Dill
1 Prise Salz
1 Prise Pfeffer
1 Prise Muskatnuss, frisch gerieben
500 g Kartoffeln
500 g Speisequark
1 Bund Petersilie, gehackt
1 Bund Schnittlauch, gehackt
½ Bund Basilikum, gehackt

Nährwerte p. P.

358 kcal
23 g Kohlenhydrate
22 g Fett
16 g Eiweiß

1 Erhitzen Sie einen Topf und kochen Sie die Kartoffeln in Salzwasser für 15 Minuten, danach gut abkühlen lassen und in Scheiben schneiden.

2 Das Öl mit dem Dill sowie Pfeffer, Salz und Muskatnuss in einem Mixer zu einer Marinade mixen.

3 Die Plancha einheizen und die Kartoffeln mit dem Öl vermischen.

4 Geben Sie die Kartoffeln mit dem Öl auf die direkte Hitze und braten Sie diese von beiden Seiten schön knusprig an. In der Zwischenzeit den Quark mit den anderen Kräutern vermischen und den Zitronensaft unterrühren. Zusammen mit den Kartoffeln servieren.

GEFÜLLTE PAPRIKA

4 Port. 35 Min. Leicht

Zutaten

100 g gekochter Reis
2 EL Tomatenmark
5 EL Joghurt
1 Dose Mais, abgetropft
Salz, Pfeffer
½ Bund Petersilie, gehackt
1 Knoblauchzehe, gehackt
1 Tomate, gehackt
2 rote Paprika
100 g Feta, zerbröselt

Nährwerte p. P.

203 kcal
25 g Kohlenhydrate
7 g Fett
10 g Eiweiß

1 Feuern Sie die Plancha an und nehmen Sie die Paprika und waschen Sie diese unter frischem Wasser. Halbieren Sie die Paprika in der Länge und entfernen Sie Strunk und Kerne.

2 Fügen Sie alle Zutaten, bis auf die Paprika, in eine Schüssel und vermischen Sie die Füllung.

3 Die Paprika auf die mittlere Hitze der Plancha setzen und die Füllung hineingeben. Die Paprika auf der mittleren Hitze für zehn Minuten garen und weitere 5 – 7 Minuten auf dem Außenrand ruhen lassen.

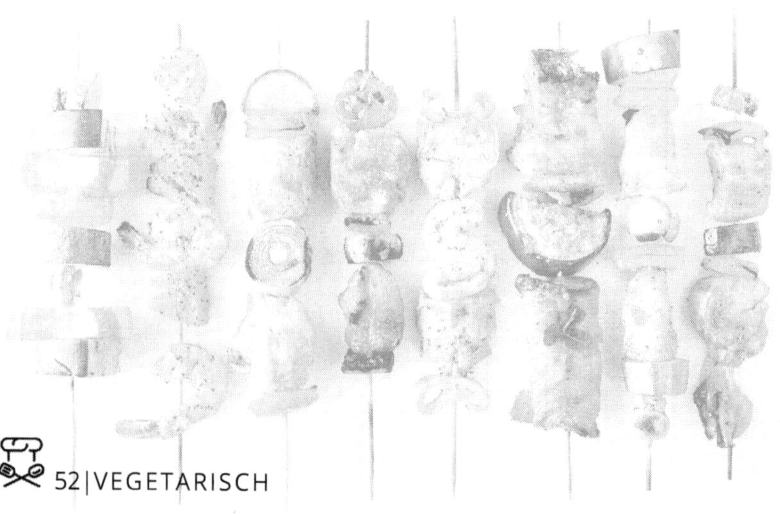

AUBERGINENSPIEßE

4 Port.

45 Min.

Mittel

Zutaten

2 Auberginen, in Stücken
1 Zwiebel, in Viertel
100 g Champignons, in Viertel
8 Cocktailtomaten
1 Bund Basilikum
2 EL Öl
1 TL Zitronensaft
Salz, Pfeffer
Spieße

Nährwerte p. P.

64 kcal
7 g Kohlenhydrate
2 g Fett
4 g Eiweiß

1 Vermischen Sie das Öl mit dem Salz, Pfeffer und dem Zitronensaft.

2 Geben Sie die Auberginen in eine Schüssel mit Salzwasser und lassen Sie diese dort für zehn Minuten ruhen. Danach mit frischem Wasser abspülen und abtropfen lassen.

3 Stecken Sie jeweils ein Stück Aubergine, eine Tomate, ein Blatt Basilikum und ein Stück Zwiebel sowie Champignon auf einen Spieß und schichten Sie diese weiter. Die Spieße mit dem Öl bestreichen und die Plancha anfeuern.

4 Die Spieße auf der mittleren Hitze von jeder Seite für 5 - 8 Minuten garen.

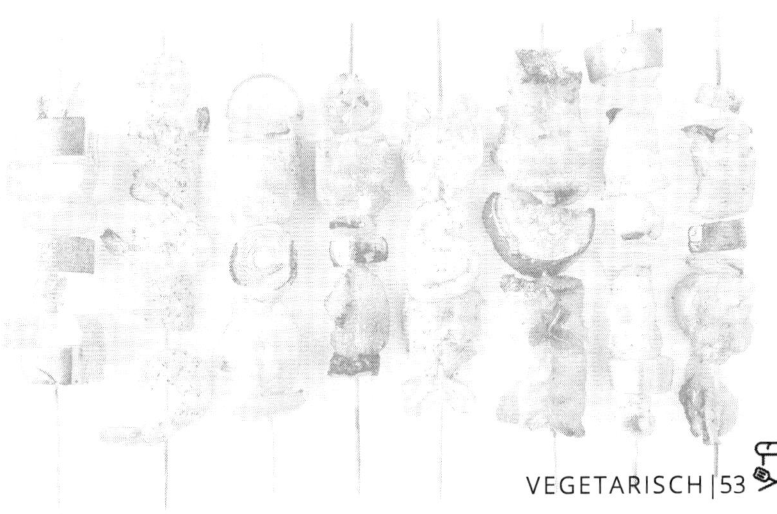

GLASIERTES GEMÜSE

2 Port.

25 Min.

Leicht

Zutaten

4 EL Öl
1 EL Honig
1 Chili, gehackt
1 Limette, Saft
200 g Möhren, halbiert
2 rote Paprika, in Streifen
2 gelbe Paprika, in Streifen

Nährwerte p. P.

191 kcal
26 g Kohlenhydrate
8 g Fett
5 g Eiweiß

1 Die Plancha anfeuern und das Öl mit dem Honig, Limettensaft und Chili vermischen.

2 Bestreichen Sie das Gemüse mit der Glasur und geben Sie es auf den Außenrand der Plancha.

3 Dort von jeder Seite für 3 - 4 Minuten garen und bei Bedarf erneut mit der Glasur bestreichen.

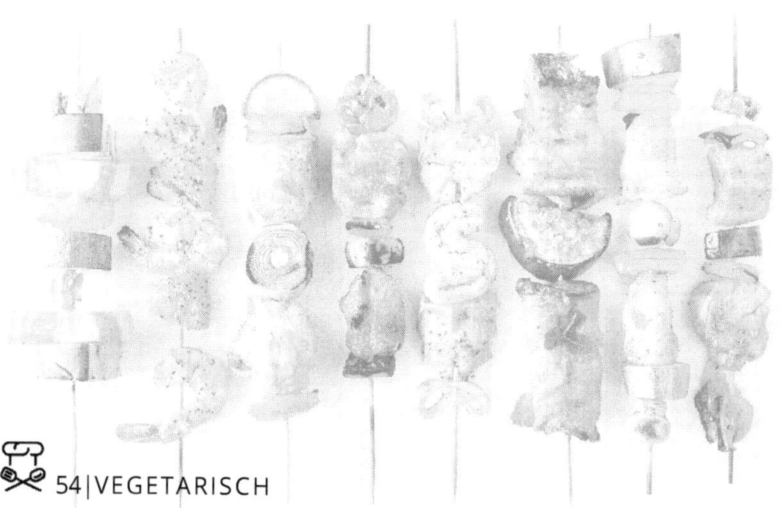

GURKENSCHIFFE

2 Port.

25 Min.

Leicht

Zutaten

1 Salatgurke
1 Tomate, gehackt
100 g Feta
Salz, Pfeffer
1 grüne Paprika, gehackt

Nährwerte p. P.

164 kcal
7 g Kohlenhydrate
10 g Fett
11 g Eiweiß

1 Bereiten Sie die Plancha vor und erhitzen Sie diese.

2 Die Gurke gut abwaschen und abtrocknen, das Ende abtrennen und die Gurke der Länge nach halbieren. Mit einem Löffel die Kerne herausnehmen und die Tomaten, Feta und die Paprika hineingeben.

3 Alles mit Salz und Pfeffer bestreuen und auf die mittlere Hitze der Plancha geben. Dort für 10 - 15 Minuten garen.

SÜßKARTOFFELFLADEN

2 Port.

45 Min.

Leicht

Zutaten

2 EL Orangensaft
2 EL Öl
2 Süßkartoffeln
Salz, Pfeffer
1 TL Paprikapulver, edelsüß
1 TL italienische Kräuter

Nährwerte p. P.

138 kcal
24 g Kohlenhydrate
4 g Fett
2 g Eiweiß

1 Die Süßkartoffeln unter frischem Wasser abreiben und danach gut abtrocknen. Die Kartoffeln in dünnere Scheiben schneiden.

2 Vermischen Sie das Öl mit den anderen Zutaten und fügen Sie die Kartoffelscheiben hinzu. Diese für 25 Minuten ruhen lassen und in dieser Zeit die Plancha erhitzen.

3 Die Kartoffelscheiben auf die mittlere Plancha legen und darauf achten, dass keine der Scheiben aufeinanderliegt. Von jeder Seite für 5 - 10 Minuten garen.

GRILLTOMATEN

2 Port.

45 Min.

Mittel

Zutaten

2 Fleischtomaten
1 Dose Mais, abgetropft
150 g Käse, gerieben
100 g Reis, gekocht
1 Prise Salz
1 EL BBQ Rub

Nährwerte p. P.

533 kcal
46 g Kohlenhydrate
26 g Fett
27 g Eiweiß

1 Vermischen Sie den Reis, das BBQ Rub, Salz, Mais und Käse und erhitzen Sie die Plancha.

2 Waschen Sie Tomaten und entfernen Sie den Strunk. Nun vorsichtig mit einem Teelöffel aushöhlen und die Reismischung hineinfüllen.

3 Die Tomaten auf den Außenrand der Plancha geben und dort für 15 - 20 Minuten garen lassen.

PIMIENTOS GEFÜLLT

2 Port. 25 Min. Leicht

Zutaten

200 g Pimientos
100 g Feta
1 Prise Salz
1 Prise Pfeffer
1 EL Limettensaft
1 TL Chiliflocken

Nährwerte p. P.

155 kcal
7 g Kohlenhydrate
10 g Fett
10 g Eiweiß

1 Die Plancha erhitzen und den Feta mit allen Zutaten, bis auf die Pimientos, vermischen.

2 Die Deckel der Pimientos vorsichtig abschneiden und den Feta hineingeben.

3 Die Pimientos auf der mittleren Garfläche für zehn Minuten unter mehrmaligem Wenden zubereiten. Sie sollten leichte Grillstellen aufweisen und sich weich anfühlen.

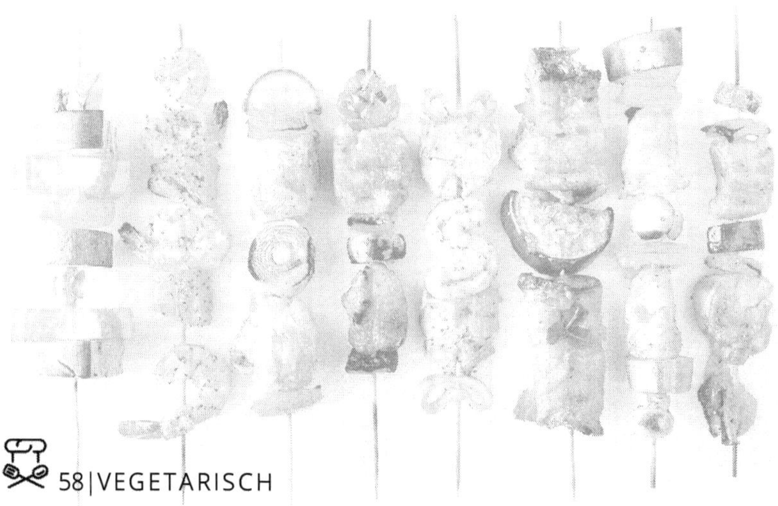

Vegan

SEITANSPIEßE

2 Port.

30 Min.

Mittel

Zutaten

200 g Seitan
1 EL Sojasoße
50 g Kartoffelpüree
1 EL Öl
200 ml Wasser, warm
1 EL Hefeflocken
1 TL Paprikapulver, edelsüß
1 EL Gemüsebrühe, instant
1 EL Tomatenmark
1 EL BBQ Rub
2 EL Öl
Spieße

Nährwerte p. P.

178 kcal
11 g Kohlenhydrate
5 g Fett
22 g Eiweiß

1 Verkneten Sie bis auf die 2 EL Öl und das BBQ Rub alle Zutaten zu einem elastischen Teig. Diesen in sechs Kugeln teilen und die Kugeln zu einer länglichen Rolle ausrollen.

2 Erhitzen Sie die Plancha und vermischen Sie die 2 EL Öl mit dem Rub.

3 Die Seitanrollen auf die Spieße aufspießen und nach oben hin umwickeln, das obere Ende erneut aufstecken, sodass der Teig darauf hält. Alles mit der Marinade bestreichen und die Spieße auf die mittlere Hitze geben. Von allen Seiten kross anbraten und frisch servieren.

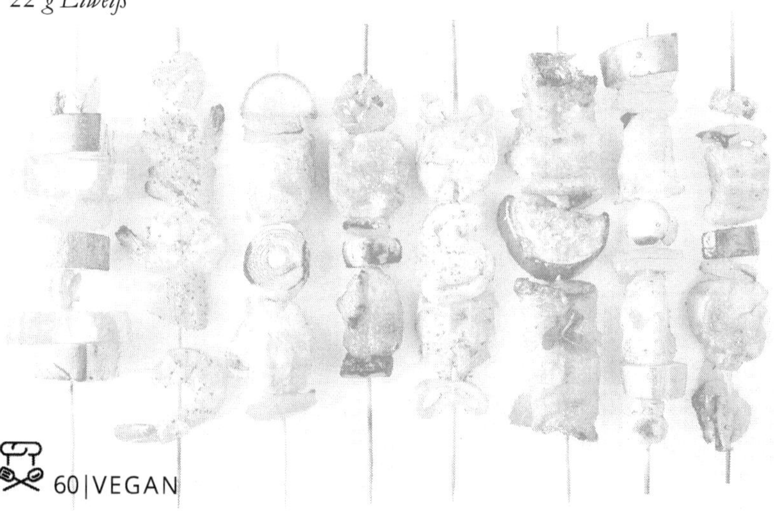

CHAMPIGNONSPIEẞE

 2 Port.

 35 Min.

 Leicht

Zutaten

500 g Champignons, klein
3 EL Öl
1 Zitrone, Saft
1 Bund Koriander
1 EL Sojasoße
1 Prise Salz
Spieße

Nährwerte p. P.

78 kcal
2 g Kohlenhydrate
5 g Fett
14 g Eiweiß

1 Den Koriander mit dem Öl, Sojasoße und dem Salz sowie dem Zitronensaft in einen Mixer geben und eine Paste daraus herstellen.

2 Die Plancha erhitzen und die Champignons auf die Spieße aufstecken. Mit der Marinade bestreichen und auf die direkte Hitze geben. Von allen Seiten gut anbraten, bis keine Flüssigkeit mehr austritt.

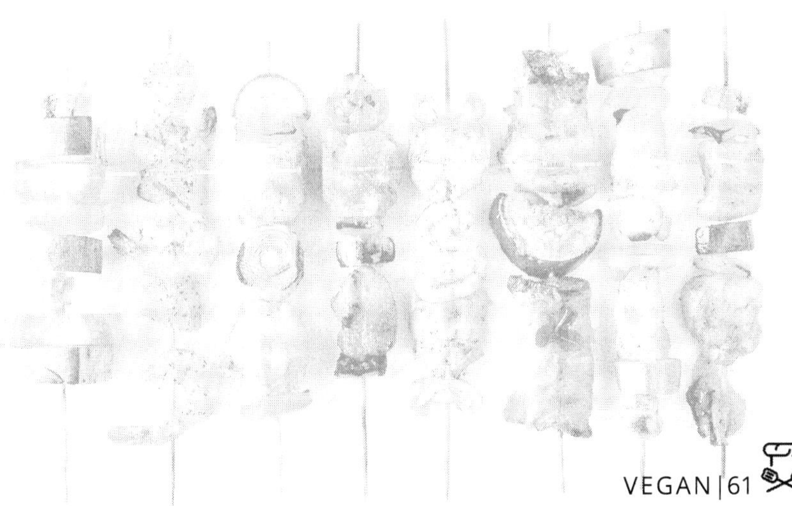

GEFÜLLTE SALSA-PAPRIKA

 2 Port.  45 Min.  Leicht

Zutaten

1 Dose gehackte Tomaten
4 Frühlingszwiebeln, in Ringen
1 Chili, gehackt
100 g Reis, gekocht
1 Bund Basilikum, gehackt
1 Knoblauchzehe, gerieben
5 g Ingwer, gerieben
Salz, Pfeffer
2 gelbe Paprika

Nährwerte p. P.

187 kcal
35 g Kohlenhydrate
2 g Fett
7 g Eiweiß

1 Die Plancha erhitzen und die Paprikadeckel abschneiden. Den Strunk und die Kerne entfernen und die Paprika unter frischem Wasser abwaschen und abtrocknen.

2 Die restlichen Zutaten vermischen und in die Paprika füllen.

3 Die Paprika auf die mittlere Hitzefläche stellen und dort für 20 Minuten garen.

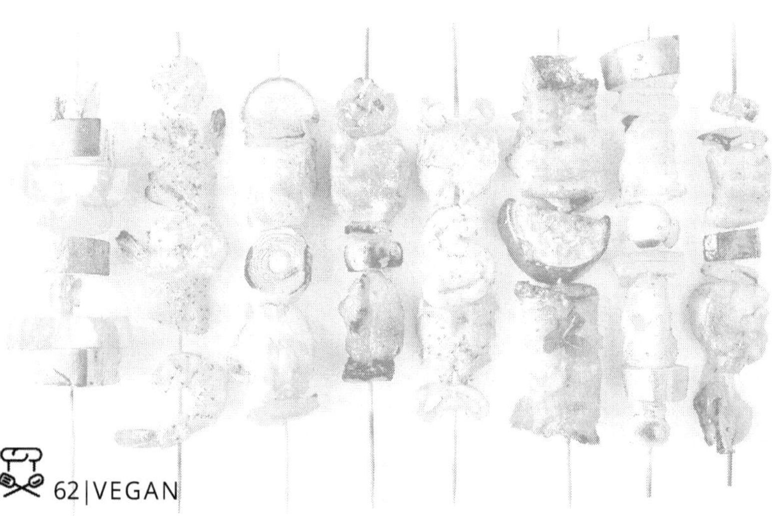

TOFU-HAWAII-SPIEẞE

4 Port.

35 Min

Leicht

Zutaten

2 EL Öl
1 EL Curry
1 TL Limettensaft
1 EL brauner Zucker
1 TL Chiliflocken
1 TL Kurkuma
½ TL Paprikapulver, edelsüß
1 Dose Ananas, in Stücken
400 g Tofu, in Stücken
1 Bund Koriander, einzelne Blätter

Nährwerte p. P.

336 kcal
43 g Kohlenhydrate
11 g Fett
16 g Eiweiß

1 Die Plancha anfeuern und das Öl mit den Gewürzen und dem Zucker vermischen.

2 Den Tofu abwechselnd mit der Ananas und den Korianderblättern auf die Spieße aufstecken.

3 Mit der Marinade bestreichen und auf mittlerer Hitzefläche von beiden Seiten für jeweils fünf Minuten grillen.

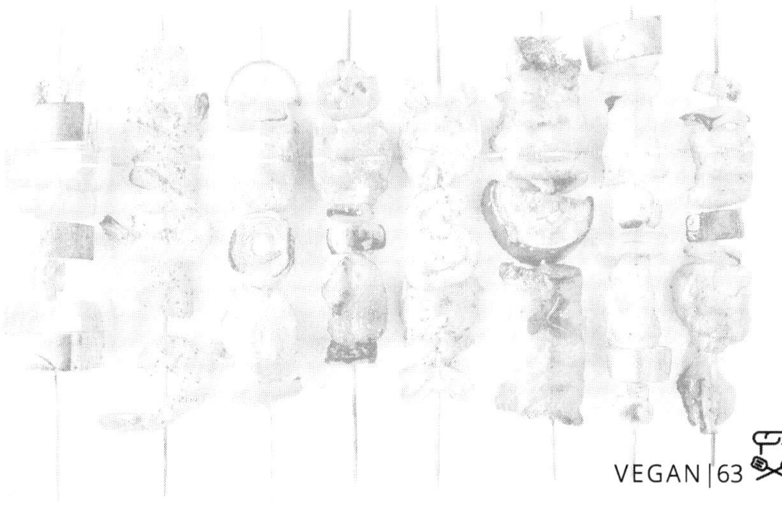

GRILLZUCCHINI

 2 Port.  25 Min. Leicht

Zutaten

2 Zucchini
1 Zitrone, Saft
1 Prise Salz
1 Prise Pfeffer
4 EL italienische Kräuter
2 EL Öl

Nährwerte p. P.

51 kcal
3 g Kohlenhydrate
4 g Fett
2 g Eiweiß

1 Feuern Sie die Plancha an und waschen Sie die Zucchini unter fließendem Wasser ab. Die Zucchini abtrocknen und das Ende entfernen.

2 Die Zucchini der Länge nach in Scheiben schneiden und das Öl mit dem Zitronensaft, Gewürzen und den Kräutern vermischen.

3 Jede Scheibe gut einstreichen und auf direkter Hitze von beiden Seiten für fünf Minuten garen.

GRILLBROTE MIT AVOCADO-DIP

2 Port.

45 Min.

Leicht

Zutaten

1 Avocado
1 Prise Salz
1 Chili, gehackt
1 Tomate, gehackt
1 Zitrone, Saft
60 g Sojajoghurt
4 EL Öl
½ Packung Trockenhefe
250 g Mehl

Nährwerte p. P.

708 kcal
100 g Kohlenhydrate
27 g Fett
16 g Eiweiß

1 Die Plancha anfeuern und die Avocado halbieren. Den Stein heraustrennen und das Fruchtfleisch aushöhlen. Dieses mit Chili, Salz, Zitronensaft und der Tomate in einem Mixer zu einer Creme verarbeiten.

2 Das Mehl, Sojajoghurt, Öl und Hefe verkneten und daraus vier Fladen formen.

3 Die Fladen von beiden Seiten für jeweils 4 - 5 Minuten garen und mit dem Dip servieren.

GURKENSPIEẞE

4 Port. 35 Min. Leicht

Zutaten

2 Salatgurken, in Würfel
2 EL Öl
1 EL Sojasoße
4 EL Sesamsamen
Spieße

Nährwerte p. P.

52 kcal
4 g Kohlenhydrate
3 g Fett
2 g Eiweiß

1 Die Gurken auf die Spieße stecken und das Öl mit der Sojasoße und den Sesamsamen vermischen. Die Gurken damit bestreichen und die Spieße ruhen lassen.

2 In dieser Zeit die Plancha erhitzen und die Spieße auf direkter Hitze für jeweils drei Minuten pro Seite garen.

GEMÜSEROLLEN VON DER PLANCHA

4 Port.

15 Min.

Mittel

Zutaten

2 Zucchini, in länglichen Scheiben
2 rote Paprika, in Spalten
1 Prise Salz
1 Prise Pfeffer
1 Limette, Saft
1 Knoblauchzehe, gehackt
1 Avocado

Nährwerte p. P.

138 kcal
9 g Kohlenhydrate
10 g Fett
3 g Eiweiß

1 Die Avocado halbieren, den Stein entfernen und das Fruchtfleisch mit Salz, Pfeffer und dem Limettensaft sowie dem Knoblauch in einem Mixer pürieren.

2 Die Plancha erhitzen und die Zucchinischeiben jeweils mit der Avocado Creme bestreichen. Eine Spalte Paprika darauflegen und die Zucchinischeibe aufwickeln.

3 Die Röllchen von allen Seiten bei mittlerer Hitze für jeweils 2 - 3 Minuten grillen.

ZITRONENFÄCHER-KARTOFFELN

4 Port.

1,5 Std.

Leicht

Zutaten

8 Kartoffeln
2 unbehandelte Zitronen
Salz, Pfeffer
2 EL Öl
Alufolie

Nährwerte p. P.

189 kcal
35 g Kohlenhydrate
2 g Fett
5 g Eiweiß

1 Die Plancha anfeuern und acht Alufolien-Rechtecke zurechtschneiden.

2 Die Kartoffeln wie ein Fächer einschneiden und mit dem Öl bestreichen, mit Salz und Pfeffer würzen.

3 Die Zitronen halbieren und in Scheiben schneiden. In jede Fächeröffnung nun eine Zitronenspalte stecken und die Kartoffel mit der Alufolie umwickeln. Die Kartoffeln auf den Außenrand setzen und für 60 Minuten garen lassen.

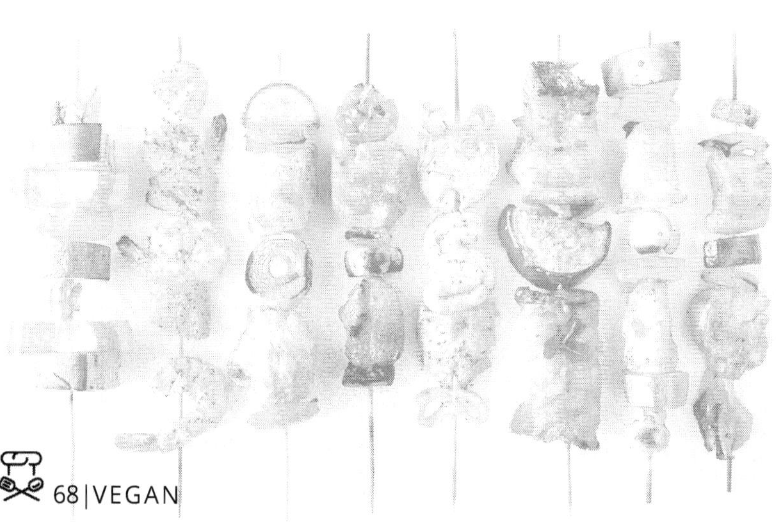

WILMERS KÄSEPÄCKCHEN

2 Port. 25 Min. Leicht

Zutaten

200 g frischer Spinat
8 Scheiben Wilmersburger Würzig
4 Stängel Basilikum, gehackt
4 Cocktailtomaten, halbiert
Salz, Pfeffer
2 EL Öl
Alufolie

Nährwerte p. P.

345 kcal
26 g Kohlenhydrate
26 g Fett
4 g Eiweiß

1 Die Grillstelle mit der Plancha erhitzen.

2 Jeweils zwei Rechtecke aus der Alufolie schneiden und zurechtlegen.

3 Den Spinat unter frischem Wasser abwaschen und abtropfen lassen. Den Käse in dieser Zeit halbieren und auf die Alufolie aufteilen. Mit Pfeffer und Salz bestreuen und das Basilikum sowie den Spinat darauf verteilen. Die Tomaten darüberlegen und die Päckchen verschließen.

4 Die Päckchen auf der mittleren Hitzequelle für 4 - 5 Minuten garen.

Spieße

PAPRIKA-HÄHNCHEN-SPIEßE

4 Port.

25 Min.

Leicht

Zutaten

1 rote Paprika, in Stücken
1 gelbe Paprika, in Stücken
1 grüne Paprika, in Stücken
500 g Hähnchenfleisch, in Würfel
2 Zwiebeln, in Viertel
2 EL Öl
Salz, Pfeffer
1 TL Sojasoße
Spieße

Nährwerte p. P.

168 kcal
7 g Kohlenhydrate
1 g Fett
31 g Eiweiß

1 Bereiten Sie die Plancha vor und erhitzen Sie diese.

2 Nehmen Sie die Paprika, Zwiebel und das Fleisch und schichten Sie diese nach und nach auf die Spieße, sodass eine bunte Mischung entsteht. Dafür immer jeweils eine gelbe, rote und grüne Paprika mit einer Zwiebel aufspießen und ein Stück Fleisch.

3 Geben Sie das Öl und die Sojasoße in ein Gefäß und vermischen Sie beides, bestreichen Sie die Spieße damit. Die Spieße mit Pfeffer und Salz würzen und auf der mittleren Hitze der Plancha garen. Die Spieße sind gar, wenn sich das Fleisch leicht auf dem Spieß schieben lässt.

HAWAIISPIEẞE

4 Port.

25 Min.

Leicht

Zutaten

1 große Dose Ananas in Stücken, abgetropft
500 g Hähnchenbrust, in Stücken
250 g Bacon in Scheiben, halbiert
Salz, Pfeffer
Spieße

Nährwerte p. P.

399 kcal
42 g Kohlenhydrate
6 g Fett
43 g Eiweiß

1 Würzen Sie die Fleischwürfel mit Salz und Pfeffer und umwickeln Sie jedes Stück Fleisch mit etwas Bacon.

2 Stecken Sie das Fleisch mit dem Bacon umwickelt mit der Ananas abwechselnd auf die Spieße.

3 Heizen Sie die Plancha ein und geben Sie die Spieße auf die mittlere Fläche. Von jeder Seite für 4 - 5 Minuten garen.

BBQ-SPIEßE

2 Port.

20 Min.

Leicht

Zutaten

1 Gemüsezwiebel, in Viertel
500 Schweineschnitzel, in Streifen
Salz, Pfeffer
6 EL Öl
1 EL BBQ Rub
Spieße

Nährwerte p. P.

437 kcal
3 g Kohlenhydrate
23 g Fett
54 g Eiweiß

1 Das Öl mit dem Rub vermischen und die Schnitzelstreifen hineingeben. Die Zwiebelviertel zu einzelnen Scheiben mit den Fingern zerteilen.

2 Jeweils eine Scheibe Zwiebel sowie ein Streifen Schnitzel aufstecken und weiterschichten, bis alles aufgebraucht ist.

3 Die Plancha anfeuern und die Spieße auf der direkten Hitze für jeweils vier Minuten von jeder Seite garen.

RINDERLEBERSPIEßE

2 Port. 25 Min. Leicht

Zutaten

Spieße
350 g Rinderleber, in Stücken
2 Äpfel, in Stücken
2 Zwiebeln, in Viertel
Salz, Pfeffer
8 EL Mehl

Nährwerte p. P.

408 kcal
49 g Kohlenhydrate
7 g Fett
36 g Eiweiß

1 Feuern Sie die Plancha an und geben Sie die Leber und das Mehl auf einen tiefen Teller. Beides gut vermischen, bis die Leber vollständig mit dem Mehl bedeckt ist.

2 Die Leber mit Salz und Pfeffer würzen und die Spieße zur Hand nehmen. Immer ein Stück Apfel, Zwiebel und Leber aufspießen. Diesen Vorgang wiederholen, bis alles aufgebraucht ist.

3 Die Spieße auf die mittlere Platte geben und von allen Seiten für jeweils 2 - 3 Minuten garen.

CURRYWURSTSPIEßE

4 Port. 25 Min. Leicht

Zutaten

3 EL Ketchup
1 TL Curry zum Bestäuben
1 TL Kurkuma, gemahlen
½ TL Curry
1 TL Ahornsirup
2 cl Whiskey
1 Prise Salz
1 Prise Ketchup
1 TL Worcestersoße
500 g kleine Bratwürste
3 Kartoffeln, gekocht, in Scheiben
Spieße

Nährwerte p. P.

463 kcal
11 g Kohlenhydrate
37 g Fett
22 g Eiweiß

1 Nehmen Sie die Bratwürste und halbieren Sie diese. Vermischen Sie Ketchup, ½ TL Curry, Kurkuma, Worcestersoße, Salz, Whiskey und Ahornsirup.

2 Stecken Sie die Würste abwechselnd mit einer Kartoffelscheibe auf die Spieße und feuern Sie die Plancha an.

3 Die Spieße auf der direkten Hitze von jeder Seite für 3 - 4 Minuten garen. Die Spieße dabei beim Wenden mit der Soße bestreichen. Mit Curry bestäuben und servieren.

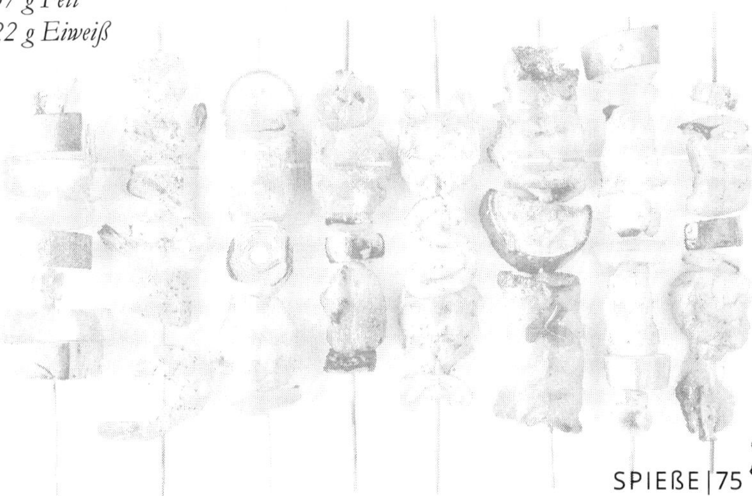

GNOCCHI-SHRIMPS-SPIEßE

24Port. 35 Min. Leicht

Zutaten

500 g Gnocchi, aus der Kühlung
Spieße
200 g Shrimps, küchenfertig
1 EL Öl
1 TL Curry
20 g Butter, weich
Salz, Pfeffer
1 Dose Ananas in Stücken, abgetropft
1 TL Chiliflocken

Nährwerte p. P.

487 kcal
86 g Kohlenhydrate
8 g Fett
16 g Eiweiß

1 Die Plancha erhitzen und die Butter mit dem Öl, Curry, Pfeffer und Salz sowie den Chiliflocken vermischen.

2 Gnocchi und Ananas mit den Shrimps abwechselnd auf die Spieße geben und alles mit der Butter bestreichen.

3 Die Spieße auf mittlerer Hitze von jeder Seite für 3 - 4 Minuten grillen. Mit der restlichen Butter bestreichen und servieren.

BROMBEEREN-KORIANDER-HÄHNCHEN

2 Port.

25 Min.

Leicht

Zutaten

200 g Brombeeren
1 Bund Koriander, gehackt
1 Limettensaft
1 Chili, gehackt
1 Knoblauchzehe, gehackt
20 ml Öl
1 TL Honig
Salz, Pfeffer
Spieße
500 g Hähnchenbrustfilet, in Stücken

Nährwerte p. P.

365 kcal
3 g Kohlenhydrate
12 g Fett
60 g Eiweiß

1 Die Plancha aufheizen und alle Zutaten bis auf Salz, Pfeffer und das Hähnchenfleisch in einem Mixer pürieren.

2 Das Fleisch in die Marinade hineingeben und für zehn Minuten ziehen lassen. Auf die Spieße stecken, mit Salz und Pfeffer würzen und diese von jeder Seite für vier Minuten bei mittlerer Hitze garen.

LAMMLEBERSPIESSE

2 Port.

25 Min.

Leicht

Zutaten

6 Cocktailtomaten
2 Zwiebeln, in Viertel
Spieße
300 g Lammleber, in Würfel
Salz, Pfeffer
Butter zum Bestreichen

Nährwerte p. P.

472 kcal
16 g Kohlenhydrate
16 g Fett
64 g Eiweiß

1 Spießen Sie jeweils eine Tomate, Lammleber und ein Stück Zwiebel auf. Bestreichen Sie alles mit der Butter und würzen Sie es mit Salz und Pfeffer.

2 Die Plancha erhitzen und die Spieße auf der direkten Hitze garen. Dafür auf jeder Seite für vier Minuten grillen. Erneut mit Butter bestreichen und servieren.

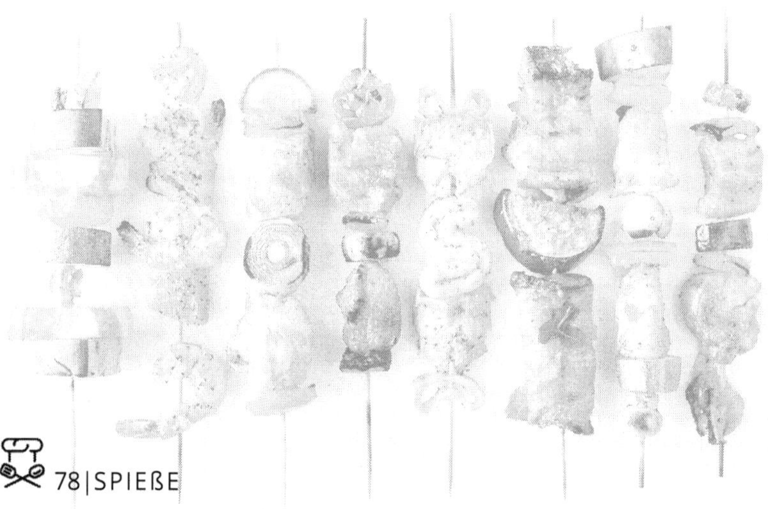

CHORIZOSPIEẞE

2 Port.

35 Min.

Leicht

Zutaten

150 g Bratpaprika
Spieße
4 Chorizo-Würste
1 Fladenbrot, in Würfel
100 g Butter
Salz, Pfeffer

Nährwerte p. P.

1744 kcal
126 g Kohlenhydrate
108 g Fett
68 g Eiweiß

1 Heizen Sie die Plancha auf und schmelzen Sie die Butter. Das Fladenbrot in die Butter geben und mit Salz und Pfeffer würzen.

2 Jeweils ein Stück Brot, Bratpaprika und eine Chorizo auf die Spieße aufstecken.

3 Die Spieße bei mittlerer Hitze für 4 - 6 Minuten von jeder Seite grillen.

JALAPENOSPIEßE

2 Port.

15 Min.

Leicht

Zutaten

Spieße
2 Jalapenos, in Scheiben
100 g Feta, in Würfel
150 g Baconscheiben

Nährwerte p. P.

288 kcal
10 g Kohlenhydrate
16 g Fett
26 g Eiweiß

1 Die Plancha gewohnt anfeuern und die Spieße zur Hand nehmen.

2 Jeweils ein Stück Feta darauf stecken, eine Scheibe Jalapenos draufgeben und mit einer Scheibe Bacon umwickeln.

3 Die Spieße von jeder Seite knusprig braten.

Süßes

PFANNKUCHENSPIEßE

4 Port. 25 Min. Leicht

Zutaten

3 Pfannkuchen, in Stücken
2 Äpfel, in Stücken
2 EL Butter, weich
1 Prise Zimt
1 TL brauner Zucker
1 EL Rum
Spieße

Nährwerte p. P.

203 kcal
31 g Kohlenhydrate
7 g Fett
4 g Eiweiß

1 Die Plancha erhitzen und die Butter mit dem Zucker, Zimt und Rum vermischen.

2 Die Pfannkuchen abwechselnd mit den Äpfeln auf die Spieße geben und danach mit der Butter bestreichen.

3 Die Spieße auf direkter Hitze so lange garen, bis die Äpfel schön weich werden.

GRILLBANANEN

4 Port.

20 Min.

Leicht

Zutaten

4 Bananen, reif
100 g Schokodrops, dunkel
100 g Marshmallows, Minis
Zimt zum Bestäuben

Nährwerte p. P.

321 kcal
57 g Kohlenhydrate
9 g Fett
4 g Eiweiß

1 Erhitzen Sie die Plancha und schneiden Sie die Bananen mit der Schale auf der gebogenen Seite etwas ein.

2 In diese Öffnung nun den Zimt hineinstreuen, die Schokodrops hineindrücken und die Marshmallows hineingeben.

3 Die Bananenschale zudrücken und die Banane auf direkter Hitze von beiden Seiten für jeweils vier Minuten garen.

RUM-ANANAS

24Port.

1 Tag

Mittel

Zutaten

1 große Ananas, frisch
300 ml Rum
200 ml Ananassaft
1 Zimtstange

Nährwerte p. P.

415 kcal
54 g Kohlenhydrate
0 g Fett
2 g Eiweiß

1 Die Ananas schälen und den Strunk entfernen. Danach das Fruchtfleisch in Scheiben schneiden. Zusammen mit dem Rum und dem Ananassaft sowie der Zimtstange in eine Schale geben und diese über Nacht kaltstellen.

2 Am nächsten Tag die Plancha erhitzen und die Ananas abtropfen lassen. Die Scheiben auf der mittleren Hitze der Plancha von beiden Seiten für jeweils drei Minuten braten.

Tipp: Die heiße Rum-Ananas schmeckt auch perfekt als Topping auf Eis.

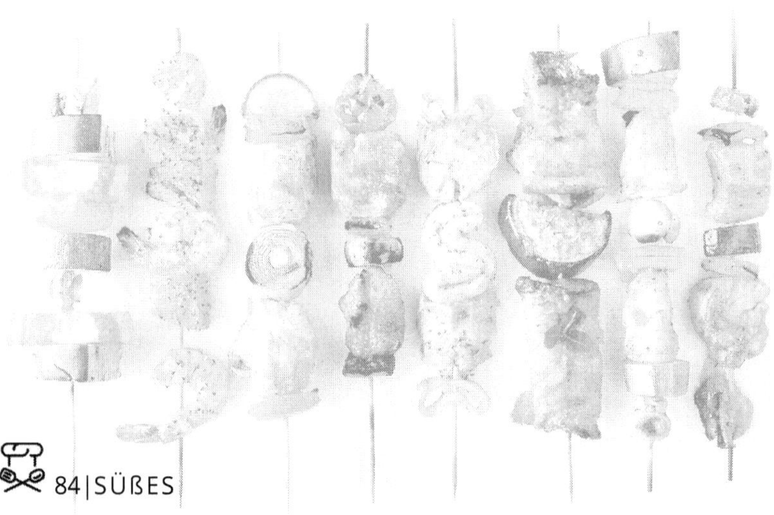

KEKSSANDWICH

4 Port.

20 Min.

Leicht

Zutaten

1 Rolle Kekse mit Schokocreme in der Mitte
1 Tüte Marshmallows
2 Bananen in Scheiben geschnitten
Zimt zum Bestäuben
8 g Ingwer, gerieben

Nährwerte p. P.

798 kcal
141 g Kohlenhydrate
21 g Fett
8 g Eiweiß

1 Die Plancha aufheizen.

2 Die Kekse aus der Verpackung nehmen und mit einem Messer vorsichtig die beiden Kekse trennen.

3 Auf jede Schokoseite nun etwas Zimt streuen, Ingwer darüberstreuen und eine Scheibe Banane sowie ein Marshmallow auflegen.

4 Mit der anderen Keksseite bedecken und die Kekse auf dem Außenrand der Plancha von beiden Seiten garen, bis der Marshmallow geschmolzen ist.

GRILLMELONE

2 Port.

15 Min.

Leicht

Zutaten

1 Wassermelone, in Scheiben mit Schale
Amaretto-Likör

Nährwerte p. P.

1140 kcal
249 g Kohlenhydrate
6 g Fett
18 g Eiweiß

1 Die Plancha vorbereiten und erhitzen.

2 Die Melonenscheiben mit etwas Amaretto beträufeln und auf die direkte Hitze geben. Von beiden Seiten für jeweils 3 – 4 Minuten anrösten.

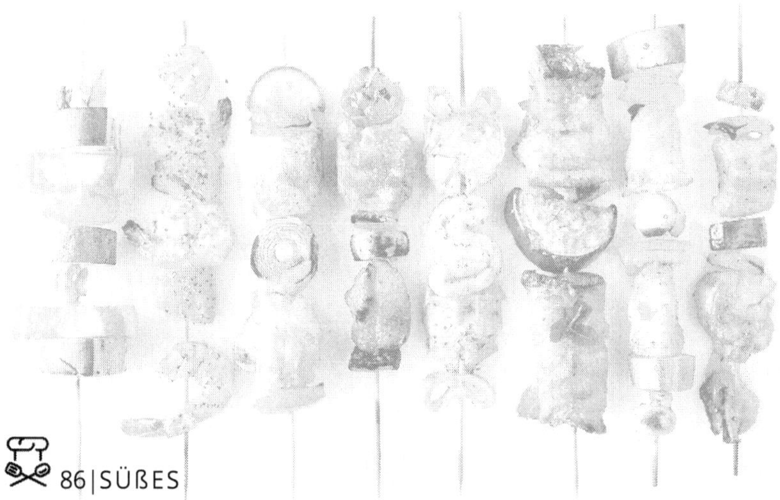

GRILLCOOKIES

 4 Port.

 25 Min.

 Leicht

Zutaten

300 g Mehl
150 g Butter, kalt
150 g Zucker
100 g Schokodrops, dunkel
1 Prise Zimt
1 Prise Nelke, gemahlen
1 Prise Kardamom, gemahlen

Nährwerte p. P.

811 kcal
103 g Kohlenhydrate
40 g Fett
10 g Eiweiß

1 Die Plancha aufheizen und die Zutaten für die Cookies verkneten, bis der Teig zusammenhaftet.

2 Aus dem Teig mehrere Kugeln formen und diese zu einem Cookie plattdrücken.

3 Die Cookies nebeneinander auf den Außenbereich der Plancha geben und dort für 5 - 7 Minuten backen.

FRENCH-SWEET-TOAST

2 Port.

25 Min.

Mittel

Zutaten

1 Ei
4 Scheiben Toastbrot
1 Banane, in Viertel
2 EL Milch
40 g Butter, weich
4 EL Schokoaufstrich

Nährwerte p. P.

471 kcal
51 g Kohlenhydrate
25 g Fett
11 g Eiweiß

1 Erhitzen Sie Ihre Plancha und entfernen Sie den Rand vom Toastbrot.

2 Das Toastbrot mit einem Nudelholz leicht ausrollen, sodass dieses platter wird.

3 Das Toastbrot mit der Butter sowie der Schokocreme bestreichen, die Banane hineingeben und das Brot aufrollen.

4 Das Ei mit der Milch vermischen und das Toastbrot darin einweichen. Die Rollen sofort auf die mittlere Hitze geben und von allen Seiten golden anbraten.

KUCHEN-ORANGE

 4 Port.

 45 Min.

 Mittel

Zutaten

4 Orangen, ausgehöhlt
60 g Zucker
60 g Butter, weich
½ Päckchen Backpulver
2 Tropfen Bittermandelaroma
1 Tropfen Rumaroma
2 Eier
130 g Mehl
50 ml Orangensaft
Alufolie

Nährwerte p. P.

424 kcal
57 g Kohlenhydrate
17 g Fett
10 g Eiweiß

1 Stellen Sie die Orangen bereit und vermischen Sie alle anderen Zutaten zu einem glatten Teig. Diesen nun gleichmäßig auf die Orangen aufteilen und den Deckel auflegen.

2 Die Plancha erhitzen und die Orangen mit der Alufolie umwickeln. Achten Sie darauf, dass die Öffnung oben bleibt. Die Orangen auf den Außenrand der Plancha stellen und dort für 40 - 50 Minuten garen lassen.

ERDBEERSPIEßE

2 Port.

15 Min.

Leicht

Zutaten

500 g Erdbeeren
100 g Marshmallows
2 EL Zitronensaft
1 EL Honig
Spieße

Nährwerte p. P.

247 kcal
54 g Kohlenhydrate
1 g Fett
3 g Eiweiß

1 Die Erdbeeren mit dem Honig und dem Zitronensaft vermischen.

2 Danach die Erdbeeren abwechselnd mit den Marshmallows auf die Spieße geben und die Plancha erhitzen.

3 Die Spieße von allen Seiten grillen, bis schöne Röststreifen auf dem Marshmallow entstehen.

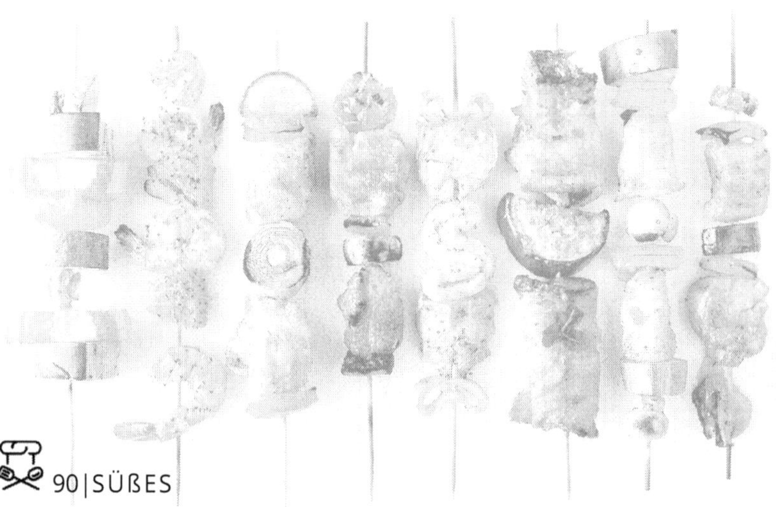

BLÄTTRIGE LOLLIS

2 Port.

25 Min.

Leicht

Zutaten

Spieße
1 Rolle Blätterteig
Erdbeermarmelade

Nährwerte p. P.

585 kcal
40 g Kohlenhydrate
46 g Fett
6 g Eiweiß

1 Den Blätterteig ausrollen und mit einem Glas ausstechen.

2 Die Marmelade auf die Mitte geben und die Ränder leicht einschlagen.

3 Die Plancha erhitzen, die Spieße in den Blätterteig stecken und die Lollis auf die Plancha geben. Dort für ca. 8 - 10 Minuten ausbacken lassen.

Marinade & Grillsoßen

COLA-CHILI-MARINADE

 200 ml

 10 Min.

 Leicht

Zutaten

200 ml Cola
1 EL BBQ Rub
1 Chili, gehackt
1 Bund Koriander, gehackt
1 Limettensaft
1 Knoblauchzehe, gerieben
1 Lorbeerblatt
2 Nelken

Nährwerte p. P.

94 kcal
22 g Kohlenhydrate
0 g Fett
0 g Eiweiß

1 Vermischen Sie zuerst den Limettensaft mit dem BBQ Rub.

2 Nach und nach die Cola einrühren und die restlichen Zutaten unterheben.

3 Das Grillgut sollte für mindestens sechs Stunden darin ruhen.

KNOBLAUCH-DIP

4 Port.

15 Min.

Leicht

Zutaten

2 Knoblauchzehen, gerieben
1 Salatgurke
500 g Joghurt
200 g Schmand
1 TL Salz
½ TL Pfeffer
½ Bund Dill, gehackt

Nährwerte p. P.

237 kcal
8 g Kohlenhydrate
20 g Fett
6 g Eiweiß

1 Nehmen Sie die Salatgurke und waschen Sie diese mit frischem Wasser ab. Den Strunk entfernen. Danach abtrocknen und die Gurke in eine große Schüssel raspeln.

2 Schmand, Joghurt und Kräuter sowie Gewürze dazugeben und alles gut vermischen.

3 Lassen Sie den Dip für vier Stunden im Kühlschrank ruhen. Vor dem Servieren erneut umrühren.

Tipp: Wenn Sie den Dip fester mögen, entfernen Sie vor dem Raspeln der Gurke die Gurkenkerne.

MEERRETTICH-DIP

4 Port.

25 Min.

Leicht

Zutaten

30 g Meerrettich, frisch
150 g Schmand
300 g Joghurt
1 TL Salz
½ TL Pfeffer
½ Bund Petersilie, gehackt
½ Bund Koriander, gehackt
5g Ingwer, gerieben

Nährwerte p. P.

162 kcal
5 g Kohlenhydrate
14 g Fett
4 g Eiweiß

1 Nehmen Sie den Meerrettich und schälen Sie diesen mit cincm Sparschälcr. Nun über einer feinen Reibe in eine Schüssel reiben.

2 Den Joghurt mit dem Schmand verrühren und zu dem Meerrettich geben.

3 Kräuter und Gewürze unterheben und alles für mindestens drei Stunden kühlstellen. Erneut umrühren und servieren.

SESAMPASTE-MARINADE

1 – 4 Port. | 25 Min. | Leicht

Zutaten

100 g Sesamkörner
1 Prise Salz
1 Prise Pfeffer
1 Prise Paprikapulver
6 EL Sesamöl

Nährwerte p. P.

244 kcal
3 g Kohlenhydrate
23 g Fett
7 g Eiweiß

1 Diese Marinade eignet sich hervorragend zum Bestreichen von Spießen.

2 Stellen Sie eine beschichtete Pfanne auf den Herd und erhitzen Sie diese. Die Sesamkörner darin anrösten, bis diese golden sind.

3 Die Sesamkörner in einen Mörser geben, die Gewürze dazugeben und nach und nach mahlen. Sobald sich ein leichtes Pulver bildet, wird nach und nach Öl dazugeben und untergemischt, bis eine Paste entstanden ist.

4 Damit eingestrichenes Grillgut sollte 2 - 3 Stunden durchziehen, um den Geschmack komplett aufzunehmen.

TOMATEN-DIP

24Port. 25 Min. Leicht

Zutaten

8 Tomaten
1 Knoblauchzehe
1 Bund Koriander, gehackt
Salz, Pfeffer
1 TL Essig
8 EL ÖL

Nährwerte p. P.

91 kcal
6 g Kohlenhydrate
7 g Fett
2 g Eiweiß

1 Nehmen Sie die Knoblauchzehe, schälen Sie diese und legen Sie sie zur Seite.

2 Waschen Sie die Tomaten unter frischem Wasser und trocknen Sie diese gut ab. Die Tomaten sowie die Knoblauchzehe über eine feine Reibe geben und alles auffangen. Auch den Saft der Tomaten!

3 Geben Sie das Öl und den Essig hinein und vermischen Sie es so lange, bis alles cremig erscheint. Die Kräuter unterheben und die Mischung bis zum Servieren kaltstellen.

ON THE ROCKS-MARINADE

2 Port. 15 Min. Leicht

Zutaten

12 Eiswürfel
6 cl Whisky
200 ml helles Bier
1 Lorbeerblatt
1 Zitrone in Scheiben
3 Stängel Minze, gehackt
1 TL Salz

Nährwerte p. P.

50 kcal
3 g Kohlenhydrate
0 g Fett
1 g Eiweiß

1 Diese Marinade ist nicht nur lecker, sondern zieht auch sehr schnell durch. Dadurch, dass das Grillgut zuvor mit den kalten Eiswürfeln in Berührung kommt, ziehen sich die Poren zusammen. Beim Warmwerden öffnen sich diese und ziehen die Marinade ein.

2 Dafür einfach alle Zutaten gut vermischen und das Grillgut einlegen. Sobald die Eiswürfel geschmolzen sind, sollte die Marinade noch 1 - 2 Stunden durchziehen, um ihren vollen Geschmack zu entfalten.

APFEL-CHUTNEY

2 Port.

1 Std.

Mittel

Zutaten

3 Äpfel, gehackt
8 g Ingwer, gehackt
100 ml Essig
150 ml Ananassaft
50 g Butter
2 Zwiebeln, gehackt
150 g brauner Zucker
1 Chili, gehackt
1 Zitrone, Saft
1 Zimtstange
1 Sternanis
2 Kardamomkapseln
1 Nelke

Nährwerte p. P.

732 kcal
131 g Kohlenhydrate
21 g Fett
2 g Eiweiß

1 Nehmen Sie einen großen Topf und erhitzen Sie die Butter darin.

2 Fügen Sie Chili, Zimt, Ingwer, Äpfel, Zwiebeln, Sternanis, Nelke, Kardamom und den Zucker hinein und braten Sie alles gut an.

3 Mischen Sie die Flüssigkeiten unter und lassen Sie alles bei geringer Temperatur so lange einkochen, bis die Flüssigkeit verkocht ist. Das Chutney abkühlen lassen und kaltstellen. Zum Fleisch oder Brot servieren.

KRÄUTERMARINADE

300 ml

20 Min.

Leicht

Zutaten

1 Bund Petersilie, gehackt
1 Bund Kresse, gehackt
1 Bund Schnittlauch, gehackt
1 Knoblauchzehe, gehackt
1 Limette, Saft
1 Bund Basilikum, gehackt
2 getrocknete Tomaten, gehackt
50 ml Weißwein
1 TL Salz
½ TL Pfeffer
250 ml Öl

1 Geben Sie die Kräuter mit dem Weißwein und dem Limettensaft in einen Mixer und pürieren Sie alles.

2 Mischen Sie die anderen Zutaten darunter und verrühren Sie alles gut. Die Marinade passt perfekt zu Fisch und Fleisch und sollte mindestens vier Stunden einziehen.

Nährwerte p. P.

2158 kcal
0 g Kohlenhydrate
240 g Fett
0 g Eiweiß

KRÄUTERQUARK

24Port.

15 Min.

Leicht

Zutaten

1 Bund Petersilie, gehackt
1 TL Salz
1 Prise Pfeffer
½ Bund Schnittlauch, gehackt
½ TL Gemüsebrühe, instant
1 Zitrone, Saft
500 g Magerquark
1 Knoblauchzehe, gerieben
1 Zwiebel, gehackt

Nährwerte p. P.

97 kcal
6 g Kohlenhydrate
0 g Fett
17 g Eiweiß

1 Vermischen Sie die Gewürze mit dem Quark und rühren Sie den Zitronensaft ein.

2 Heben Sie die Kräuter und den Knoblauch sowie die Zwiebel unter und lassen Sie den Dip mindestens zwei Stunden im Kühlschrank ruhen. Erneut umrühren und vor dem Servieren abschmecken.

AVOCADO-DIP

2 Port.

10 Min.

Leicht

Zutaten

1 Tomate
1 Knoblauchzehe, geschält
½ Chili, gehackt
1 Limette, Saft
1 Avocado, in Stücken
1 Prise Salz
1 Prise Pfeffer

Nährwerte p. P.

205 kcal
7 g Kohlenhydrate
19 g Fett
3 g Eiweiß

1 Fügen Sie den Knoblauch und die Avocado in einen Mixer und pürieren Sie alles zu einer Creme.

2 Reinigen Sie die Tomate und halbieren Sie diese, lösen Sie die Kerne und den Strunk heraus und hacken Sie das Fruchtfleisch klein.

3 Alle Zutaten vermischen und für mindestens 30 Minuten durchziehen lassen.